NAJBOLJŠA KNJIGA RECEPTOV ZA TORTE ZA VSE

100 neverjetnih receptov za torte, brownije, piškote in mafine za vsako priložnost

Tina Koren

Vse pravice pridržane.
Zavrnitev odgovornosti

Informacije v tej e-knjigi naj bi služile kot obsežna zbirka strategij, o katerih je avtor te e-knjige raziskal. Povzetki, strategije, nasveti in triki so samo priporočila avtorja in branje te e-knjige ne zagotavlja, da bodo rezultati natančno odražali rezultate avtorja. Avtor e-knjige se je po svojih najboljših močeh trudil zagotoviti aktualne in točne informacije za bralce e-knjige. Avtor in njegovi sodelavci ne odgovarjajo za morebitne ugotovljene nenamerne napake ali pomanjkljivosti. Gradivo v e-knjigi lahko vključuje informacije tretjih oseb. Gradiva tretjih oseb vsebujejo mnenja, ki so jih izrazili njihovi lastniki. Kot tak avtor e-knjige ne prevzema odgovornosti za nobeno gradivo ali mnenja tretjih oseb.

E-knjiga je avtorsko zaščitena © 2023 z vsemi pravicami pridržanimi. Nadaljnja distribucija, kopiranje ali ustvarjanje izpeljanega dela iz te e-knjige v celoti ali delno je nezakonito. Nobenega dela tega poročila ni dovoljeno reproducirati ali ponovno prenašati v kakršni koli reproducirani ali ponovno posredovani obliki brez pisnega in podpisanega dovoljenja avtorja.

KAZALO

KAZALO 3
UVOD 7
PITE 9
   1. Bučna pita 10
   2. Južna pita iz sladkega krompirja 12
   3. Brusnična pita 14
   4. Italijanska pita iz artičok 16
   5. Pita s špageti 19
   6. Kremna pita z rikoto 21
   7. Bučna pita cheesecake 23
   8. Rustikalna domača pita 25
SUFLE 28
   9. Koruzni sufle 29
   10. Zahvalni korenčkov sufle 31
   11. Jabolčna fantazijska sladica 33
   12. Soufflé iz želoda 35
   13. Sufle iz marelic in pistacij 37
   14. Brokolijev sufle 39
   15. Ognjičev sufle 41
   16. Čokoladni oblak soufflé 43
   17. Padli limonin sufle 45
   18. Zamrznjen brusnični sufle s mletim sladkorjem 48
TORTA 51
   19. Pumpkin Dump Cake 52
   20. Mešanica za torto Schwarzwaldska torta 54
   21. Mešanica za torto Cherry Cordial Cake 56
   22. Torta Mix Zucchini Cake 58
   23. Čokoladna torta 60
   24. Toffee Poke Cake 62

25. PUDINGOVA TORTA 64
26. MANDLJEVA ČOKOLADNA TORTA 66
27. ANANASOVA KAVNA TORTA 68
28. GLAZIRANA PESNA TORTA 70
29. VLAŽNA STONERJEVA TORTA 72
30. ČOKOLADNA TORTA 74
31. TRES LECHES TORTA 76
32. TORTA Z VANILJEVO JAGODNO KREMO 79
33. ŠPANSKA SIROVA TORTA 81

BROWNIJI 83
34. MEŠANICA ZA TORTO KONOPLJINI RJAVČKI 84
35. TRIPLE FUDGE BROWNIES 87
36. BROWNIJI S KREMNIM SIROM 89
37. ARAŠIDOVI PIŠKOTI 91
38. BROWNIE BITES 94
39. CHOC CHIP BUD BROWNIES 96
40. LEŠNIKOVI PIŠKOTI 98
41. BROWNIJI Z NIZKO VSEBNOSTJO OGLJIKOVIH HIDRATOV 100
42. GRASSHOPPER BROWNIES 102
43. MINT BROWNIJI 104
44. ČOKOLADNI LEŠNIKOVI BROWNIJI 107
45. PEANUT AND JELLY FUDGE 110
46. MANDLJEVA SLADICA BREZ PEČENJA 112
47. PROTEINSKE PLOŠČICE RED VELVET FUDGE 114
48. FUDGE MUNCHIES 116
49. ZAMRZNJENI MOCHA BROWNIJI 118
50. BLONDINKE S CHIA SEMENI IZ OREHOVEGA MASLA 120
51. JABOLČNI PIŠKOTI 123
52. BROWNIJI IZ LUBJA POPROVE METE 125
53. PLOŠČICE IZ ARAŠIDOVEGA MASLA 127
54. NAJLJUBŠI PIŠKOTI Z BUČKAMI 130

55. Sladni čokoladni piškoti 132
56. Nemški čokoladni piškoti 134
57. Matcha zeleni čaj 136
58. Medenjaki 138

PIŠKOTKI 140
59. Presta in karamelni piškoti 141
60. Konopljin buckeye piškotek 143
61. Piškoti iz mešanice torte 145
62. Devil Crunch piškotki 147
63. Pecan piškotki 149
64. Browniji s stepeno smetano 151
65. Mešanica za torto Sandwich Cookies 153
66. Granola in čokoladni piškoti 155
67. Sladkorni piškoti 157
68. Nemški piškoti 159
69. Janeževi piškoti 161
70. Čokoladni piškoti 163
71. Sladki zeleni piškoti 165
72. Čokoladni piškoti 167
73. Piškoti za predjed s sirom 169
74. Mandljevi sladkorni piškoti 171
75. Sladkorni piškoti 173
76. Sladkorni piškoti z glazuro iz maslene smetane 175
77. Sladkorni piškoti z mandljevimi kockami 177
78. Amiški sladkorni piškoti 179
79. Osnovni sladkorni piškoti iz masti 181
80. Sladkorni piškoti s cimetom 183
81. Zdrobljeni sladkorni piškoti 185
82. Pecan sladkorni piškoti 187

KOLAČKI IN MAFINI 189
83. Mešanica kolačkov z limonino torto 190

84. Čokoladni karamelni kolački 192
85. Mud Pie Cupcakes 194
86. Mešanica za torto Pumpkin Muffins 196
87. Mešanica za torto Praline Cupcakes 198
88. Piña Colada kolački 200
89. Mini torte Cherry Cola 202
90. Rdeči žametni kolački 204
91. Jabolčna pita kolački 206
92. Mišji kolački 208
93. Kirsch čokoladni mafini 210
94. Korenčkovi mafini 212
95. Kolački z rumovimi rozinami 214
96. Vroče čokoladne kolačke 217
97. Bananini mafini 219
98. Limonino kokosovi mafini 221
99. Francoski toast kolački 223
100. Kolibriji kolački 226

SKLEP **229**

UVOD

Peka je proces kuhanja na suhi toploti, zlasti v kakšni pečici. Verjetno je to najstarejši način kuhanja. Pekovski izdelki, ki vključujejo kruh, žemljice, piškote, pite, peciva in kolačke, so običajno pripravljeni iz moke ali zdroba, pridobljenega iz neke vrste žita.

Moka je osnovna sestavina tort, peciva, kruha in številnih drugih pekovskih izdelkov. Zagotavlja strukturo ali okvir hrane. Za peko se uporabljajo različne vrste moke, najpogosteje pa se uporablja večnamenska moka, saj jo lahko uporabimo za vse vrste pekovskih izdelkov. Za pecivo je najbolj primerna moka za pecivo zaradi njene rahlosti in nizke vsebnosti beljakovin, za kruh pa je najprimernejša moka za kruh zaradi visoke vsebnosti beljakovin. Druge moke, ki se uporabljajo pri peki, vključujejo polnozrnato moko, moko za pecivo itd.

Sladkor ne deluje le kot sladilo. Prav tako je odgovoren za mehkobo torte, ker ovira hidratacijo moke, ki je potrebna za razvoj glutena. Sladkor poskrbi tudi za zlato rjavo barvo tort ali kruha. Najpogosteje se uporablja rafiniran beli sladkor ali granulirani sladkor, čeprav nekateri recepti zahtevajo rjavi sladkor in celo slaščičarski sladkor.

Za peko je potrebna tudi maščoba, saj naredi pečene izdelke mehke, vlažne in bogate. Maslo ali margarina imata običajno prednost zaradi okusa in dodatne barve. Pogosto se uporablja tudi skrajšanje, medtem ko drugi določajo olje. Maslo lahko premagate ali stopite, odvisno od uporabe.

Za vzhajanje kolačev dodamo vzhajalna sredstva. Pri tem nastane ogljikov dioksid, ki je v veliki meri odgovoren za vzhajanje pogače ali njeno prostornino. Prav tako naredijo torto rahlo in luknjasto. Pecilni prašek, soda bikarbona in kvas so primeri vzhajal, ki se uporabljajo pri peki. Prva dva se uporabljata za torte in peciva, medtem ko se kvas uporablja za kruh.

Doda se tekočina, da se testo drži skupaj in se vse sestavine premešajo. Tekočina je lahko v obliki vode, mleka ali sokov. Mleko se nanaša na polnomastno kravje mleko. Nadomestiti z evaporiranim mlekom v pločevinkah; razredčimo v razmerju 1:1. Kot nadomestek lahko uporabite tudi polnomastno mleko v prahu, ki ga pred uporabo preprosto raztopite v vodi.

Za dodatno strukturo, bogatost in hranljivost so dodana jajca – bodisi cela, samo rumenjake ali samo beljake. Pomembno je, da uporabite jajca enake velikosti.

Nazadnje, da bodo torte bolj okusne in zanimive, dodajte oreščke, suho sadje, arome, začimbe in celo sveže sadje.

PITE

1. Bučna pita

Dobitek: 8 obrokov

Sestavine:
- 1 pločevinka (30 oz.) mešanice za bučno pito
- 2/3 skodelice evaporiranega mleka
- 2 veliki jajci, pretepeni
- 1 nepečena 9-palčna lupina za pito

navodila:
a) Pečico segrejte na 425 stopinj Fahrenheita.
b) V veliki skledi za mešanje zmešajte mešanico za bučno pito, evaporirano mleko in jajca.
c) Nadev vlijemo v lupino za pito.
d) Pečemo 15 minut v pečici.
e) Povišajte temperaturo na 350°F in pecite še 50 minut.
f) Rahlo ga stresite, da vidite, ali je popolnoma pečen.
g) Ohladite 2 uri na rešetki.

2. Južna pita iz sladkega krompirja

Dobitek: 10 obrokov

Sestavine:
- 2 skodelici olupljenega, kuhanega sladkega krompirja
- ¼ skodelice stopljenega masla
- 2 jajci
- 1 skodelica sladkorja
- 2 žlici burbona
- 1/4 čajne žličke soli
- 1/4 čajne žličke mletega cimeta
- 1/4 čajne žličke mletega ingverja
- 1 skodelica mleka

navodila:
a) Pečico segrejte na 350 stopinj Fahrenheita.
b) Z izjemo mleka vse sestavine popolnoma zmešajte v električnem mešalniku.
c) Dodajte mleko in nadaljujte z mešanjem, ko se vse popolnoma poveže.
d) Nadev vlijemo v lupino za pito in pečemo 35-45 minut ali dokler nož, vstavljen blizu sredine, ne pride ven čist.
e) Odstranite iz hladilnika in pustite, da se ohladi na sobno temperaturo, preden postrežete.

3. **Brusnična pita**

Dobitek: 8 obrokov

Sestavine
- 2 skorjici za pito
- 1 paket želatine; okus pomaranče
- ¾ skodelice vrele vode
- ½ skodelice pomarančnega soka
- 1 pločevinka (8 oz) žele brusnične omake
- 1 čajna žlička naribane pomarančne lupinice
- 1 skodelica hladnega pol-pol ali mleka
- 1 paket instant pudinga Jell-O, francoska vanilija ali okus vanilije
- 1 skodelica stepenega preliva Cool Whip
- Zamrznjene brusnice

navodila:
a) Pečico segrejte na 450°F
b) Želatino zavremo in jo raztopimo. Prilijemo pomarančni sok. Posodo postavite v večjo posodo za led in vodo. Pustite stati 5 minut, ob rednem mešanju, dokler se želatina rahlo ne zgosti.
c) Dodajte brusnično omako in pomarančno lupinico ter premešajte, da se združita. Skorjo za pito napolnimo z nadevom. Hladite približno 30 minut ali dokler se ne strdi.
d) V srednjo posodo za mešanje vlijemo pol in pol. Vmešajte mešanico za nadev za pite. Mešajte, dokler ni popolnoma premešano.
e) Pustite 2 minuti ali dokler se omaka nekoliko ne zgosti. Nazadnje vmešamo še stepen preliv.
f) Po vrhu nežno razporedite mešanico želatine. Hladite 2 uri ali dokler se ne strdi.

4. Italijanska pita iz artičok

Obroki: 8 obrokov

Sestavina

- 3 jajca; Pretepen
- 1 3 oz paket kremnega sira z drobnjakom; Zmehčano
- ¾ čajne žličke česna v prahu
- ¼ čajne žličke popra
- 1½ skodelice sira mozzarella, del posnetega mleka; Razrezana
- 1 skodelica sira Ricotta
- ½ skodelice majoneze
- 1 14 oz lahko srčki artičoke; Odcejeno
- ½ 15 oz pločevinke fižola Garbanzo, v pločevinkah; Oplaknjeno in odcejeno
- 1 2 1/4 oz lahko narezane olive; Odcejeno
- 1 2 Oz Jar Pimientos; Na kocke narezano in odcejeno
- 2 žlici peteršilja; Odrezano
- 1 skorja za pito (9 palcev); Nepečeno
- 2 majhna paradižnika; Narezano

Navodila:
a) Zmešajte jajca, kremni sir, česen v prahu in poper v velikem mešalniku. V posodi za mešanje zmešajte 1 skodelico sira mozzarella, sira ricotta in majoneze.
b) Mešajte, dokler se vse dobro ne premeša.
c) 2 srci artičoke prerežite na pol in odložite. Preostale srčke sesekljajte.
d) Mešanico sira premešajte s sesekljanimi srčki, fižolom garbanzo, olivami, pimientosom in peteršiljem. Z mešanico napolnite pekač.
e) Pečemo 30 minut pri 350 stopinjah. Preostalo mocarelo in parmezan potresemo po vrhu.
f) Pečemo še 15 minut oziroma dokler ni strjeno.
g) Pustite počivati 10 minut.
h) Po vrhu razporedite rezine paradižnika in na četrtine narezana srca artičok.
i) Postrezite

5. Špagetna pita z mesnimi kroglicami

Obroki: 4-6

Sestavine:
- 1 - 26 oz. vrečka govejih mesnih kroglic
- 1/4 skodelice sesekljane zelene paprike
- 1/2 skodelice sesekljane čebule
- 1 - 8 oz. paket špagetov
- 2 jajci, rahlo stepeni
- 1/2 skodelice naribanega parmezana
- 1-1/4 skodelice naribanega sira mozzarella
- 26 oz. kozarec omake za špagete

navodila:
a) Pečico segrejte na 375°F. Pražite papriko in čebulo, dokler se ne zmehčata, približno 10 minut. Dati na stran.
b) Špagete skuhamo, odcedimo in splaknemo s hladno vodo ter osušimo. Postavite v veliko skledo za mešanje.
c) Dodajte jajca in parmezan ter premešajte, da se združi. Mešanico pritisnite na dno razpršenega 9-palčnega krožnika za pite. Na vrh potresemo 3/4 skodelice naribanega sira mocarela. Zamrznjene mesne kroglice odtalite v mikrovalovni pečici 2 minuti.
d) Vsako mesno kroglico prerežite na pol. Polovičke mesnih kroglic položite čez sirno mešanico. Omako za špagete zmešajte s kuhano papriko in čebulo.
e) Z žlico prelijte plast mesnih kroglic. Rahlo pokrijte s folijo in pecite 20 minut.
f) Odstranite iz pečice in po mešanici omake za špagete potresite 1/2 skodelice mocarele.
g) Nadaljujte s peko nepokrito še 10 minut, dokler ne postane mehurčkasto. Narežemo na kolesca in postrežemo.

Kremna pita z rikoto

Obroki: 6

Sestavine:
- 1 skorja za pito, kupljena v trgovini
- 1 ½ lb sira ricotta
- ½ skodelice mascarpone sira
- 4 stepena jajca
- ½ skodelice belega sladkorja
- 1 žlica žganja

Navodila:
a) Pečico segrejte na 350 stopinj Fahrenheita.
b) Zmešajte vse sestavine za nadev v skledi za mešanje. Nato zmes vlijemo v skorjo.
c) Pečico segrejte na 350°F in pecite 45 minut.
d) Pred serviranjem pito hladite vsaj 1 uro.

6. **Bučna pita s sirom**

naredi 1

Sestavine
Skorja
- 3/4 skodelice mandljeve moke
- 1/2 skodelice moke iz lanenega semena
- 1/4 skodelice masla
- 1 čajna žlička. Začimba za bučno pito
- 25 kapljic tekoče stevije

Polnjenje
- 6 oz. Veganski kremni sir
- 1/3 skodelice bučnega pireja
- 2 žlici kisle smetane
- 1/4 skodelice veganske težke smetane
- 3 žlice masla
- 1/4 čajne žličke. Začimba za bučno pito
- 25 kapljic tekoče stevije

Navodila
a) Združite vse suhe sestavine skorje in temeljito premešajte.
b) Mešajte suhe sestavine z maslom in tekočo stevio, dokler ne nastane testo.
c) Za vaše mini pekače za torte razvaljajte testo v majhne kroglice.
d) Pritisnite testo ob stran pekača za tart, dokler ne doseže in se dvigne ob straneh.
e) Zmešajte vse sestavine za nadev v mešalni posodi.
f) Sestavine za nadev zmešajte skupaj s potopnim mešalnikom.
g) Ko so sestavine za nadev gladke, jih porazdelimo po skorji in ohladimo.
h) Odstranite iz hladilnika, narežite in po želji prelijte s stepeno smetano.

7. Rustikalna domača pita

Za 4 do 6 obrokov

Sestavine
- Krompir Yukon Gold, olupljen in narezan na kocke
- 2 žlici veganske margarine
- 1/4 skodelice navadnega nesladkanega sojinega mleka
- Sol in sveže mlet črni poper
- 1 žlica olivnega olja
- 1 srednje velika rumena čebula, drobno sesekljana
- 1 srednje velik korenček, drobno narezan
- 1 rebro zelene, drobno sesekljano
- 12 unč seitana, drobno sesekljanega
- 1 skodelica zamrznjenega graha
- 1 skodelica zamrznjenih koruznih zrn
- 1 čajna žlička posušene slane
- 1/2 čajne žličke posušenega timijana

Navodila

a) V ponvi z vrelo slano vodo kuhajte krompir, dokler se ne zmehča, 15 do 20 minut.
b) Dobro odcedimo in vrnemo v lonec. Dodajte margarino, sojino mleko ter sol in poper po okusu.
c) S tlačilko za krompir grobo pretlačimo in odstavimo. Pečico segrejte na 350°F.
d) V večji ponvi na srednjem ognju segrejte olje. Dodajte čebulo, korenje in zeleno.
e) Pokrijte in kuhajte, dokler se ne zmehča, približno 10 minut. Zelenjavo prenesite v pekač 9 x 13 palcev. Vmešajte sejtan, gobovo omako, grah, koruzo, slanico in timijan.
f) Po okusu začinimo s soljo in poprom ter zmes enakomerno razporedimo po pekaču.
g) Na vrh položite pire krompir, ki ga razporedite do robov pekača. Pečemo, dokler krompir ne porjavi in nadev postane mehurček, približno 45 minut.
h) Postrezite takoj.

SUFLE

8. **Koruzni sufle**

Dobitek: 8-10 obrokov

Sestavine:
- 1 srednja čebula
- 5 lbs. zamrznjena sladka koruza
- 6 skodelic Monterey Jack, naribanih
- 3 jajca
- 1 čajna žlička soli

navodila:
a) V ponvi na oljčnem olju prepražimo čebulo. Dati na stran.
b) V kuhinjskem robotu zmeljemo koruzo.
c) Združite in vmešajte druge sestavine, vključno s praženo čebulo.
d) Položite v pekač 8x14, ki ste ga namazali z maslom.
e) Pečemo pri 375°F približno 25 minut ali dokler vrh ne postane zlato rjav.

9. Korenčkov sufle za zahvalni dan

Dobitek: 8 obrokov

Sestavine:
- 2 lbs. sveže korenje, olupljeno in kuhano
- 6 jajc
- 2/3 skodelice sladkorja
- 6 žlic moke matzoh
- 2 žlički vanilije
- 2 palčki stopljenega masla ali margarine
- Ščepec muškatnega oreščka
- 6 žlic rjavega sladkorja
- 4 žlice masla ali margarine, stopljene
- 1 skodelica sesekljanih orehov

navodila:
a) Korenje in jajca pretlačite v kuhinjski robot.
b) Naslednjih pet sestavin obdelajte do gladkega.
c) Pecite 40 minut v namaščenem pekaču 9x13 pri 350°F.
d) Dodamo preliv in pečemo še 5-10 minut.

10. Jabolčna fantazijska sladica

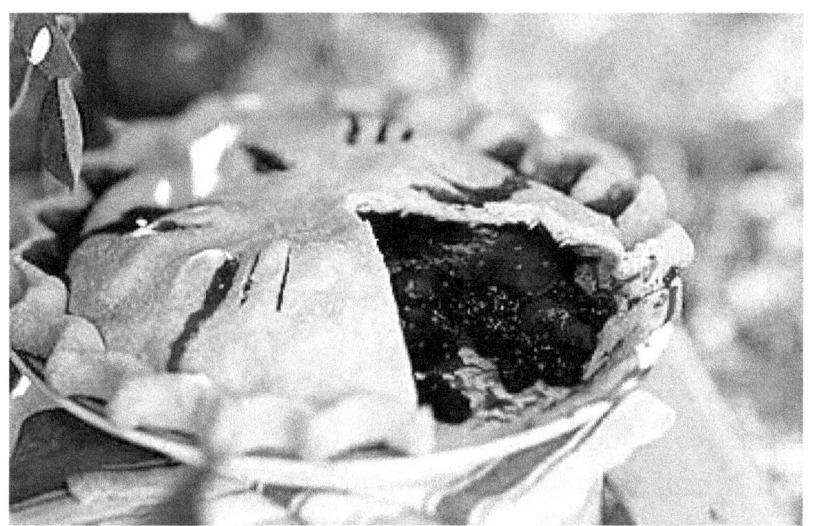

Sestavine:
- 2/3 c. moka
- 3 žličke pecilnega praška
- 1/2 čajne žličke soli
- 2 jajci
- 1 c. kristalni sladkor
- 1/2 c. rjavi sladkor
- 3 žličke vanilije ali ruma ali burbona
- 3 c. na kocke narezana jabolka

navodila:
a) Jajca stepemo, dodamo sladkor in vanilijo ter dobro stepemo. Dodamo suhe sestavine in premešamo. Nalijte jabolka in mešajte, dokler niso enakomerno porazdeljena. Zložimo v globok pekač ali posodo za sufle.
b) Pečemo 45 minut pri 350. Postrežemo toplo.

11. Soufflé iz želodove buče

Dobitek: 4 porcije

Sestavina
- 1 beljak
- 2 želodovi buči
- 4 čajne žličke rjavega sladkorja
- naribanega svežega muškatnega oreščka
- ⅛ čajne žličke soli
- 4 žlice masla
- ¼ čajne žličke mletega cimeta
- 1 jajce, ločeno
- sveže mleti črni poper

navodila:
a) Pečico segrejte na 400 F. Operite squash. Bučo prerežemo na pol in izdolbemo semena. Bučne polovice položite s kožo navzgor v ½ palca (1¼ cm) vode v pekač in pecite 30 minut.
b) Odstranite iz pečice. S kleščami obrnite bučne polovice. V vsako polovico damo 1 žlico masla. Ponovno pecite 30 minut ali dokler meso ni mehko. Ohladite 30 minut.
c) Bučo previdno vzamemo iz pekača in v skledo vlijemo maslo.
d) Ne da bi poškodovali kožo, previdno izdolbite meso iz vsake polovice buče in ga dajte v isto skledo. V mešalniku ali kuhinjskem robotu pretlačite bučo s prihranjenim maslom, sladkorjem, začimbami in rumenjakom. Vlijemo v mešalno posodo.
e) Beljake s soljo stepemo v trd sneg. ZLOŽITE v pire. Delajte hitro, a previdno, pri čemer ohranite količino beljaka. Mešanico za soufflé vlijemo v polpete bučne kože in pečemo 25 min. ali dokler vrhovi ne porjavijo in začnejo pokati. Postrezite takoj.

12. Sufle iz marelic in pistacij

Izkoristek: 6 - 8

Sestavina
- 3 žlice masla
- 4 žlice moke
- 1½ skodelice mleka
- 6 rumenjakov
- 8 jajčnih beljakov
- ščepec soli
- ⅛ čajne žličke vinskega kamna
- ½ marelične in ananasove marmelade
- ½ marelične in ananasove marmelade
- ¼ čajne žličke mandljevega ekstrakta
- 2 Mandljev izvleček
- stepeno smetano
- posušene marelice, namočene
- olupljene pistacije
- marelično žganje (po želji)
- slaščičarski sladkor
- Mlete pistacijeve orehe

navodila:
a) Pečico segrejte na 400 F.
b) Maslo raztopimo in dodamo moko. Med mešanjem z metlico postopoma dodajamo mleko, da dobimo gosto gladko omako.
c) Dodajte sladkor. Odstavite z ognja in enega za drugim dodajte rumenjake.
d) Dodajte mandljev izvleček, odcejene, sesekljane marelice, pistacije in po želji žganje. Iz beljakov s ščepcem soli in vinskim kamnom stepemo čvrst sneg.
e) Zmešajte marelično zmes in z žlico prelijte v z maslom in sladkorjem potresen pekač za 6 skodelic sufleja. Sufle postavite v pečico in takoj zmanjšajte temperaturo na 375 F. Pečemo 25 minut.

13. Brokolijev sufle

Dobitek: 8 obrokov

Sestavina
- 2 paketa zamrznjenega brokolija; (10 oz. vsak
- 3 jajca
- Sol in poper po okusu
- 1 žlica mešanice čebulne juhe
- ½ skodelice majoneze
- Mast za pekač
- 2 žlici Matzah moke, razdeljene

navodila:
a) Skuhajte brokoli po navodilih na embalaži. Temeljito odcedite.
b) Dati na stran. V posodi za mešanje zelo dobro stepemo jajca s soljo, poprom in mešanico čebulne juhe; dodajte majonezo in nadaljujte s stepanjem, dokler ni dobro premešano. Vmešamo kuhan brokoli.
c) Namastite pekač velikosti 7 x 11½". Rahlo potresite z 1 žlico moke matza. V pekač stresite brokoli in potresite vrh s preostalim obrokom matze.
d) Pečemo pri 350 stopinjah 40-50 minut ali dokler vrh ne postane zlate barve.

14. Ognjičev sufle

Dobitek: 4 porcije

Sestavina
- 1 žlica masla
- 2 žlici parmezana
- 6 jajc
- ½ skodelice pol in pol (to je pol mleka; pol smetane za Neameričane)
- ¼ skodelice naribanega parmezana
- 1 čajna žlička pripravljene gorčice
- ½ čajne žličke soli
- ½ čajne žličke Cayenne
- 1 žlica muškatnega oreščka
- ½ funta ostrega čedarja; narežemo na majhne koščke
- 10 unč kremnega sira; narežemo na majhne koščke
- ½ skodelice cvetnih listov ognjiča

navodila:
a) V posodo za 5 skodelic sufleja namažite maslo. Potresemo z 2 žlicama parmezana.
b) V mešalniku stepite jajca, ¼ skodelice parmezana, pol in pol, gorčico, sol, kajenski oreščok in muškatni oreščok. Medtem ko motor še teče, dodajte kos za kosom Cheddarja, nato pa kremni sir. Vlijemo v pripravljeno posodo in vmešamo ognjičeve liste.
c) Pecite 45 do 50 minut pri 375 F ali dokler vrh ni zlato rjav in rahlo razpokan. Takoj postrezite in okrasite z več cvetovi ognjiča.

15. Čokoladni oblak soufflé

Dobitek: 5 obrokov

Sestavina
- ⅓ skodelice svetle smetane 3 rumenjaki
- 1 vsak paket po 3 unče Dash sol
- Kremni sir 3 beljaki
- ½ skodelice polsladkega
- Koščki čokolade
- 3 žlice presejanega
- Slaščičarski sladkor

navodila:
a) Na zelo majhnem ognju zmešajte smetano in kremni sir. Dodamo koščke čokolade; segrevajte in mešajte, dokler se ne stopi. Kul. Rumenjake in sol stepemo do gostote in limonine barve. Postopoma vmešajte v čokoladno zmes. Beljake stepemo do mehkih vrhov.
b) Postopoma dodajamo sladkor, stepamo do trdih vrhov; vmešamo čokoladno mešanico. Nalijte v nenamazan 1-litrski soufflé krožnik ali enolončnico. Pecite v počasni pečici (300ø) 45 minut ali dokler vstavljeni nož ne pride ven čist.

16. Sufle iz padle limone

Dobitek: 1 porcija

Sestavina
- 3 velika jajca; ločeni
- 3 žlice sladkorja
- 1½ žlice navadne moke
- 2 žlički stopljenega masla
- 100 mililitrov svežega limoninega soka
- 1 žlica limonine lupinice
- 190 mililitrov mleka
- 2 žlički stopljenega masla; dodatno
- 3 žlice sladkorja; dodatno
- Listi sveže mete
- Kupljen sorbet ali sladoled

navodila:
a) Pečico segrejte na 180c. in maslo šest posodic za sufle (kapaciteta približno 200 ml.) Potresemo jih z dodatnim sladkorjem in postavimo na stran.
b) Rumenjake in sladkor stepamo v gosto in kremasto mešanico, nato dodamo moko in maslo ter stepamo, dokler se sladkor popolnoma ne raztopi. Vmešajte limonin sok, limonino lupinico in mleko ter mešajte, dokler testo ni gladko.
c) V ločeni posodi penasto stepemo beljake, nato pa nadaljujemo z stepanjem in dodajamo sladkor. Stepajte na visoki hitrosti, dokler beljaki niso čvrsti in sijoči.
d) Beljake vmešajte v limonin sneg, nato pa testo enakomerno porazdelite po pripravljenih suflejih.
e) Posodice za sufle postavite v pekač, nato pa jih napolnite s hladno vodo, dokler gladina vode ne doseže polovice stranic posodic za sufle.
f) Pečemo jih na 180c. 40 minut.

g) Ko so sufleji pečeni, jih vzamemo iz vodne kopeli in postavimo v hladilnik za najmanj 30 minut ali največ 6 ur.

h) Za serviranje jih pustite, da se vrnejo na sobno temperaturo, nato pa z nožem potegnite po robu vsake posode za sufle in obrnite sufle na servirni krožnik. Potresemo s sladkorjem v prahu in okrasimo z listi mete. Po želji postrezite z gosto smetano ali sladoledom.

17.   Zamrznjen brusnični sufle z vrtenim sladkorjem

Dobitek: 2 porciji

Sestavina
- 2½ skodelice brusnic, pobranih
- ⅔ skodelice sladkorja
- ⅔ skodelice vode

Za italijansko meringue:
- ¾ skodelice sladkorja
- ⅓ skodelice vode
- 4 veliki beljaki
- 2½ skodelice dobro ohlajene težke smetane za vrten sladkorni venec:
- ½ skodelice lahkega koruznega sirupa
- ¼ skodelice sladkorja
- ½ skodelice brusnic, pobranih
- Vejice mete za okras

navodila:
a) Naredite mešanico brusnic: V težki ponvi zmešajte brusnice, sladkor in vodo ter mešanico zavrite in mešajte, dokler se sladkor ne raztopi. Zmes med občasnim mešanjem kuhajte 5 minut oziroma dokler se ne zgosti, in pustite, da se popolnoma ohladi.

b) Pripravite italijansko meringue: V majhni težki ponvi zmešajte sladkor in vodo ter mešanico zavrite in mešajte, dokler se sladkor ne raztopi. Skuhajte sirup, sperite vse kristale sladkorja, ki se oprimejo stene posode, s čopičem, namočenim v hladno vodo, dokler ne zabeleži 248 stopinj F. na termometru za sladkarije, in ponev odstranite z ognja. Medtem ko sirup vre, v veliki skledi električnega mešalnika stepemo beljake s ščepcem soli do mehkega snegu in ob prižganem motorju dodajamo vroč sirup v curku, stepamo in

stepamo meringue. na srednji hitrosti 8 minut ali dokler se ne ohladi na sobno temperaturo.
c) Brusnično mešanico nežno, a temeljito vmešajte v meringue. V drugi skledi z očiščenimi metlicami stepemo smetano, da le drži čvrste vrhove in jo nežno, a temeljito vmešamo v brusnično zmes. Sufle nalijte na $2\frac{1}{2}$ qt. servirno skledo, primerno za zamrzovanje, (premera 8 palcev), pogladite vrh in zamrznite sufle, tako da je njegova površina prekrita s plastično folijo, čez noč. sufle lahko pripravite 3 dni vnaprej in ga hranite pokritega in zamrznjenega.
d) Naredite vrten sladkorni venec: V majhni težki ponvi zmešajte koruzni sirup in sladkor, mešanico zavrite na zmernem ognju, mešajte, dokler se sladkor ne raztopi, in kuhajte sirup, dokler ne postane zlate karamele in doseže 320 stopinj F na termometru za sladkarije.
e) Medtem ko sirup vre, rahlo naoljite 12-palčni kvadratni list foula in nanj razporedite brusnice v obliki 6-centimetrskega venca.
f) Odstranite ponev z ognja in pustite, da se sirup ohladi 30 sekund.
g) V sirup pomočimo vilice in s sirupom pokapamo brusnice, postopek ponavljamo, dokler brusnice niso prekrite in se oblikuje venček. (Če postane sirup pregost, da bi ga lahko kapljali z vilice, ponovno segrevajte na zmernem ognju, dokler ni prave konsistence.) Pustite, da se venec popolnoma ohladi. Venček lahko naredite 2 uri prej – po možnosti ne na vlažen dan – in ga hranite na hladnem in suhem mestu.
h) Venček nežno izvlecite iz folije, ga razporedite po sufleju in okrasite z metinimi vejicami.

TORTA

18. Pumpkin Dump Cake

Dobitek: 10 obrokov

Sestavine:
- 1-30 oz. pire iz bučne pite
- 2 jajci
- 1 pločevinka evaporiranega mleka
- 1/2 škatle rumene mešanice za torte
- 1 skodelica sesekljanih orehov
- 1/2 skodelice masla

navodila:
a) Pečico segrejte na 350 stopinj Fahrenheita.
b) Z mešalnikom temeljito zmešamo bučni pire, jajca in mleko.
c) Sestavine vlijemo v pekač 11x7 ali 8x8.
d) Na vrh rahlo vmešajte 1/2 škatle suhe mešanice za torte.
e) Po vrhu potresemo sesekljane orehe in 1/2 skodelice stopljenega masla.
f) Pečemo približno 40 minut.
g) Pustite, da se ohladi, dokler ni pripravljen za serviranje.
h) Na vrh dodamo stepeno smetano.

19. Mešanica torte Schwarzwaldska torta

Naredi: 12

Sestavine
- 1 mešanica za čokoladno torto po 18,25 unč
- 1 nadev za češnjevo pito v pločevinki 21 unč
- 2 jajci
- 1/3 skodelice olivnega olja
- 1 čajna žlička mandljevega ekstrakta
- 1 skodelica granuliranega sladkorja
- 5 žlic masla
- 1/3 skodelice mleka
- 1 skodelica čokoladnih koščkov

Navodila

a) Pečico segrejte na 350°F. Pekač namastimo in pomokamo. Dati na stran.

b) V veliki skledi zmešajte mešanico za torte, nadev za pite, jajca, olje in mandljev ekstrakt. Mešajte, da nastane gladka masa. Pečemo 30 minut.

c) Medtem zmešajte preostale sestavine v ponvi in jih rahlo zavrite. Mešajte do gladkega in uporabite za glazuro tople torte.

20. Mešanica za torto Cherry Cordial Cake

Naredi: 12

Sestavine
- 1 mešanica za čokoladno torto v škatli 18,25 unč
- 1 embalaža instant čokoladnega pudinga po 3,9 unče
- 4 jajca
- 1 ¼ skodelice vode
- ½ skodelice olivnega olja
- 1 žlica češnjevega ekstrakta ali arome
- 1 skodelica čokoladnih koščkov
- 1 kad pripravljene čokoladne glazure
- Češnjevi srčni bonboni za okras

Navodila
a) Pečico segrejte na 350°F. Pekač namastimo in pomokamo. Dati na stran.
b) V veliki skledi za mešanje zmešajte mešanico za torte, mešanico za puding, jajca, vodo, olje in ekstrakt. Mešajte z električnim mešalnikom, nastavljenim na nizko hitrost, 2 minuti.
c) Maso vlijemo v tortni pekač. Na mokro maso za torto enakomerno potresemo koščke čokolade. Pečemo 55 minut. Pustite, da se torta popolnoma ohladi, preden jo premažete in okrasite s sladkarijami.

21. Mešanica za torto Torta iz bučk

Naredi: 12

Sestavine
- ¾ skodelice masla
- 3 jajca
- 1 čajna žlička vanilijevega ekstrakta
- ¼ čajne žličke mandljevega izvlečka
- 1 skodelica kisle smetane
- 1 mešanica za čokoladno torto po 18,25 unč s pudingom
- 1 srednja bučka, naribana
- 1 12-unčna kad pripravljena čokoladna glazura

Navodila
a) Pečico segrejte na 325°F.
b) V veliko skledo za mešanje dodajte kremno maslo, jajca, ekstrakt vanilije in ekstrakt mandljev. Počasi vmešamo kislo smetano. Dodajte mešanico za torto. Zložite naribane bučke.
c) Maso z žlico vlijemo v pekač za torte in stresamo, dokler se masa ne poravna. Pečemo 45 minut ali dokler zobotrebec ne izstopi čist.
d) Torto popolnoma ohladite, preden pekač obrnete na servirni krožnik.

22. Čokoladna poke torta

Naredi: 20 obrokov

Sestavine
- 1 paket mešanice za čokoladno torto
- 2 čajni žlički vanilijevega ekstrakta, razdeljeno
- Dash sol
- 2/3 skodelice masla
- 28 unč sladkanega kondenziranega mleka
- 1 skodelica slaščičarskega sladkorja
- Preliv: sesekljani sendvič piškoti, polnjeni z arašidovim maslom, skodelice iz arašidovega masla ali kombinacija obeh

Navodila

a) Pečico segrejte na 350°. Pripravite mešanico za torto v skladu z navodili na embalaži, dodajte 1 čajno žličko vanilije in soli, preden zmešate testo. Prenesite v namaščen 13x9-in. pekač. Pecite in popolnoma ohladite, kot je navedeno na embalaži.

b) Stepajte maslo in mleko, dokler se ne zmešata. S koncem lesenega ročaja žlice naredite luknje v torti 2 cm narazen.

c) Počasi prelijte 2 skodelici maslene mešanice čez kolač, tako da napolnite vsako luknjo.

d) Torto in preostalo mešanico masla, pokrito, ohladite, dokler se torta ne ohladi, 2-3 ure.

e) Zmešajte preostalo vanilijo in preostalo mešanico arašidovega masla; postopoma vmešajte toliko slaščičarskega sladkorja, da dosežete konsistenco za mazanje.

f) Namažite po torti. Dodamo prelive po želji.

23. Toffee Poke torta

Naredi: 15 obrokov

Sestavine
- 1 paket mešanice za čokoladno torto
- 17 unč sladolednega preliva iz butterskoča in karamele
- 12 unč zamrznjenega stepenega preliva, odmrznjenega
- 1 skodelica masla
- 3 Heathove čokoladice, sesekljane

Navodila
a) Pripravite in specite torto po navodilih na embalaži z uporabo masla.
b) Ohladite na rešetki.
c) Z ročajem lesene žlice preluknjamo torto. V jamice nalijte 3/4 skodelice karamelnega preliva. Preostalo karamelo z žlico razporedite po torti. Prelijemo s stepenim prelivom. Potresemo s sladkarijami.
d) Pred serviranjem hladite vsaj 2 uri.

24. Nadobudna puding torta

Naredi: 12 obrokov

Sestavine
- 1 paket mešanice za čokoladno torto
- 1 paket (3,9 unč) mešanice instant čokoladnega pudinga
- 2 skodelici kisle smetane
- 4 velika jajca
- 1 skodelica vode
- 3/4 skodelice olivnega olja
- 1 skodelica polsladkih čokoladnih koščkov
- Stepena smetana ali sladoled

Navodila
a) V veliki skledi zmešajte prvih šest sestavin; stepajte pri nizki hitrosti 30 sekund. Stepajte na srednji stopnji 2 minuti. Vmešajte čokoladne koščke. Vlijemo v pomaščen 5-qt. počasni kuhalnik.

b) Pokrijte in kuhajte na nizki temperaturi, dokler zobotrebec, zaboden v sredino, ne izstopi z vlažnimi drobtinami, 6-8 ur.

25. Mandljeva čokoladna torta

Naredi: **16 obrokov**

Sestavine
- 1 paket mešanice za čokoladno torto (navadne velikosti)
- 1 paket (3,9 unč) mešanice instant čokoladnega pudinga
- 1-1/4 skodelice vode
- 1/2 skodelice olivnega olja
- 4 velika jajca
- 3 čajne žličke mandljevega ekstrakta
- 2-3/4 skodelice polsladkih čokoladnih koščkov, razdeljenih
- 6 žlic ohlajene navadne ali nemlečne smetane z okusom amaretta
- 1 žlica narezanih mandljev

Navodila

a) V veliki skledi zmešajte mešanico za torte, mešanico za puding, vodo, olje, jajca in ekstrakt; stepajte, dokler se ne združi. Vmešajte 2 skodelici čokoladnih koščkov.

b) Vlijemo v pomaščen in pomokan 10-in. nagubana cevna posoda. Pecite pri 350 °C 65-70 minut ali dokler zobotrebec, ki ga zapičite v sredino, ne izstopi čist. Ohlajajte 10 minut, preden ga odstranite iz pekača na rešetko, da se popolnoma ohladi.

c) V ponvi zmešajte smetano in preostale koščke čokolade. Kuhajte na majhnem ognju, dokler se čips ne stopi; mešajte, dokler ni gladka. Hladimo 45 minut. Pokapljajte po torti. Okrasite z mandlji.

26. Ananasova kavna torta

Naredi: 12 obrokov

Sestavina
- 2 skodelici mešanice za čokoladno torto
- 1 jajce
- ⅓ skodelice granuliranega sladkorja
- ⅓ skodelice mleka

Prelivi
- ⅓ skodelice Pecite vse premešajte
- ⅓ skodelice rjavega sladkorja -- pakirano
- ½ čajne žličke mletega cimeta
- 1 skodelica ananasovih drobcev – odcejenih

Navodila
a) Jajce razbijte v skledo in rahlo stepite. Dodamo sladkor in mleko ter dobro premešamo. Postopoma dodajte 2 skodelici mešanice. Stepajte, dokler se ne zmeša.
b) Do polovice napolnimo v pekače
c) Naredite preliv tako, da združite ⅓ skodelice mešanice, rjavega sladkorja in cimeta. Na testo razporedite koščke ananasa. Preliv potresemo po ananasu.
d) Pečemo v pečici pri 400 F. 15 do 20 minut.

27. Glazirana pesna torta

Naredi: 8

Sestavine
- 1 18-unčna mešanica za čokoladno torto in sestavine, ki so navedene na škatli
- 3 skodelice pese, narezane
- 4 žlice masla, stopljenega
- ½ skodelice slaščičarskega sladkorja

Navodila
a) Pripravite in specite torto po navodilih za mešanico torte, med dodajanjem mokrih sestavin dodajte peso.
b) Pustite, da se torta nekoliko ohladi.
c) Z vilicami penasto stepemo maslo in slaščičarski sladkor.
d) Torto prelijemo z glazuro.

28. Vlažna Stonerjeva torta

Naredi: 8

Sestavine
- 1 mešanica za čokoladno torto v škatli 18,25 unč
- 1 skodelica kisle smetane
- 1 skodelica kokosovega olja
- 4 jajca
- ½ skodelice vode
- 1 16-unčna kad pripravljena glazura

Navodila

a) Pečico segrejte na 350°F. Pekač namastimo in pomokamo. Dati na stran.

b) V veliki posodi za mešanje zmešajte mešanico za torte, kislo smetano, kokosovo olje, jajca in vodo. Vlijemo v tortni model. Pečemo 50 minut.

c) Odstranite iz pečice in pustite, da se popolnoma ohladi. Mraz

29. Čokoladna plast torta

Naredi: 12

Sestavine
- 1 mešanica za čokoladno torto v škatli s 18,25 unčami in sestavinami, zahtevanimi na škatli
- 1 6-unčni kozarec karamele za sladoled
- 7 unč olivnega olja
- 1 8-unčna kad brez stepenega mleka, odmrznjena
- 8 čokoladic, narezanih ali zlomljenih na koščke

Navodila
a) Pripravite in specite torto po navodilih za torto velikosti 9" × 13".
b) Odstranite torto iz pečice in pustite, da se ohladi 10 minut, preden zbodite luknje v vrhu torte z dolgimi vilicami ali nabodalom.
c) Torto prelijemo s karamelo in nato s kondenziranim mlekom, tako da zapolnimo vse luknje. Torto pustimo stati, dokler se popolnoma ne ohladi.
d) Premažite s stepenim prelivom in potresite s koščki sladkarije. Ohladite

30. Tres leches torta

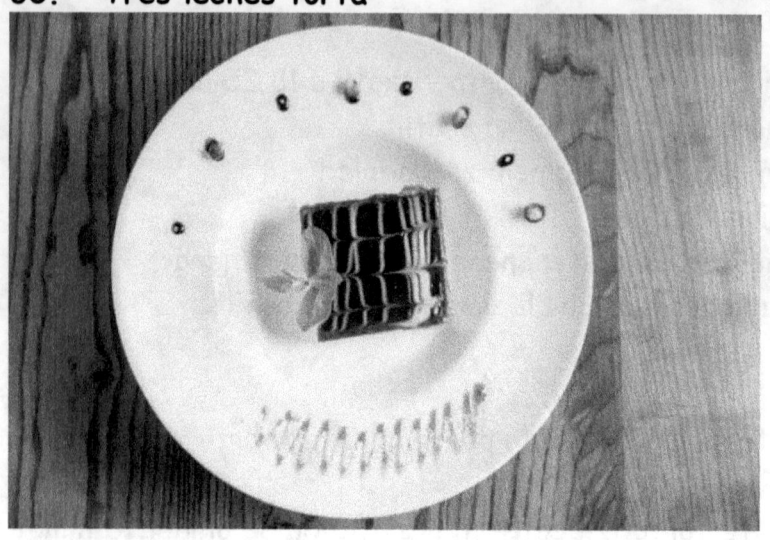

Naredi: **16 mini tort**

Sestavine:
- 1 skodelica večnamenske moke
- 1½ čajne žličke. pecilni prašek
- Ščepec soli
- 5 velikih jajc, ločenih
- 4 žlice masla, stopljenega in ohlajenega
- 1 skodelica plus 3 žlice granuliranega sladkorja
- 4 čajne žličke. izvleček vanilije
- ¼ skodelice polnomastnega mleka
- 350 ml kondenziranega mleka v pločevinki
- 400 ml pločevinke kondenziranega mleka
- 2½ skodelice težke smetane
- 1 žlica nesoljenega masla, stopljenega in ohlajenega

Navodila

a) Pečico segrejte na 340°F (171°C). Namastite in pomokajte en pekač za mafine s 24 skodelicami ali dva pekača za mafine s 12 skodelicami, prazne vdolbinice napolnite z vodo in postavite na stran.

b) V srednji skledi zmešajte večnamensko moko, pecilni prašek in sol. Dati na stran.

c) Beljake in rumenjake razdelite v različne srednje velike sklede. V eni skledi stepemo rumenjake, 2 žlici masla in

d) ¾ skodelice sladkorja z električnim mešalnikom na srednji hitrosti do bledo rumene barve. Dodajte 2 čajni žlički vanilijevega ekstrakta in polnomastno mleko ter stepajte pri nizki hitrosti, dokler se mešanica ne vključi.

e) V drugi posodi stepajte jajčne beljake na srednji do visoki hitrosti 2 minuti, dokler ne nastanejo mehki snegovi.

f) Dodajte ¼ skodelice sladkorja in nadaljujte s stepanjem na srednji do visoki hitrosti, dokler beljaki niso čvrsti.

g) Združite mešanico rumenjakov in moke. Nežno vmešajte beljakovo mešanico in nato z žlico vlijte maso v pekač ali modelčke za mafine.
h) Pečemo 20 minut ali dokler se sredina ne strdi. Odstranite, na vrhu prebodite luknje z vilicami in pustite, da se ohladi.
i) V srednji skledi zmešajte evaporirano mleko, kondenzirano mleko, $\frac{1}{2}$ skodelice težke smetane, preostali 2 žlici masla in nesoljeno maslo ter prelijte po kolačih.
j) Preostali 2 skodelici težke smetane, preostale 3 žlice sladkorja in preostali 2 žlički vanilijevega ekstrakta stepite z električnim mešalnikom pri srednji hitrosti, dokler ne postane puhasto. Premažemo po ohlajenih tortah.
k) Shranjevanje: Hraniti v nepredušni posodi v hladilniku do 3 dni.

31. Torta z vaniljevo jagodno kremo

Služi 6

Sestavine:
- 1 skodelica (100 g) mandljevega zdroba
- ½ skodelice (75 g) Natvia
- 1 čajna žlička. (5 g) pecilnega praška
- 2 žlici (40 g) kokosovega olja
- 2 veliki jajci (51g vsako)
- 1 čajna žlička. (5 g) ekstrakta vanilije
- 300 ml hladne smetane
- 200 g svežih zrelih jagod

navodila:
a) Cvrtnik predgrejte na 180 °C 3 minute.
b) V veliki skledi zmešajte mandljevo moko, Natvio in pecilni prašek s ščepcem morske soli.
c) Dodajte kokosovo olje, jajca in vanilijo ter premešajte, da se združi.
d) 16 cm pekač za torte rahlo premažite z dodatnim kokosovim oljem.
e) Z lopatko zmes postrgamo v tortni model.
f) Vstavite v košaro cvrtnika in pokrijte s folijo.
g) Pečemo na 160°C, 20 minut.
h) Odstranite folijo in kuhajte še 10 minut ali dokler se vstavljeno nabodalo ne odstrani.
i) Ko se ohladi, hladno smetano stepajte z električnim stepalnikom 5 minut ali dokler ne nastanejo čvrsti vrhovi.
j) Razporedite po torti in po vrhu razporedite narezane jagode.
k) Začnite od zunaj in uporabite večje rezine (s koničasto stranjo navzven) postopoma navznoter.
l) Vsako plast prekrivajte, da ustvarite višino.

32. Španska sirova torta

Obroki: 10 obrokov

Sestavina
- 1 funt kremnega sira
- 1½ skodelice sladkorja; granuliran
- 2 jajci
- ½ čajne žličke cimeta; Tla
- 1 čajna žlička limonine lupine; Nariban
- ¼ skodelice nebeljene moke
- ½ čajne žličke soli
- 1 x slaščičarski sladkor
- 3 žlice masla

Navodila:
a) Pečico segrejte na 400 stopinj Fahrenheita. V veliki mešalni posodi stepite sir, 1 žlico masla in sladkor. Ne mlati.
b) Eno za drugim dodajte jajca in po vsakem dodajanju temeljito stepite.
c) Zmešajte cimet, limonino lupinico, moko in sol. Pekač premažite s preostalima 2 žlicama masla in ga enakomerno razmažite s prsti.
d) Testo vlijemo v pripravljen pekač in pečemo pri 400 stopinjah 12 minut, nato znižamo na 350 stopinj in pečemo še 25 do 30 minut. Na nožu ne sme biti nobenih ostankov.
e) Ko se torta ohladi na sobno temperaturo, jo potresemo s slaščičarskim sladkorjem.

BROWNIJI

33. Mešanica za torte Konopljini rjavčki

Naredi: 12

Sestavine

- 1 paket mešanice za čokoladno torto (navadne velikosti)
- 3/4 skodelice masla, stopljenega
- 1 pločevinka (5 unč) evaporiranega mleka, razdeljeno
- 1 paket (11 unč) koščkov kraft karamele
- 1 skodelica polsladkih čokoladnih koščkov
- 1 paket rumene mešanice za torte (običajne velikosti)
- 1 veliko jajce, sobne temperature
- 1/2 skodelice plus 1 žlica masla, zmehčanega, razdeljenega
- 1 pločevinka (14 unč) sladkanega kondenziranega mleka
- 1 paket (11-1/2 unč) koščkov mlečne čokolade

Navodila

a) Pečico segrejte na 350°. Linija 13x9-in. pekač s pergamentom; masten papir.

b) V veliki skledi stepite mešanico za čokoladno torto, stopljeno maslo in 1/3 skodelice evaporiranega mleka, dokler se ne zmešajo; testo bo gosto. Rezervirajte 1/4 skodelice testa za preliv. Preostalo testo razporedite v pripravljen pekač. Pečemo 6 minut.

c) Medtem v mikrovalovni pečici stopite koščke karamele in preostalo 1/3 skodelice evaporiranega mleka; mešajte, dokler ni gladka. Vročo čokoladno skorjo potresemo s polsladkimi čipsi; po vrhu prelijte karamelno mešanico. Dati na stran.

d) V drugi veliki skledi premešajte rumeno mešanico za kolače, jajce in 1/2 skodelice zmehčanega masla, dokler se ne združijo; testo bo gosto. Polovico rezervirajte za preliv. Preostalo zmes nadrobite na plast karamele. Pečemo 6 minut.

e) V mikrovalovni pečici stopite sladkano kondenzirano mleko, koščke mlečne čokolade in preostalo 1 žlico zmehčanega masla; mešajte, dokler ni gladka.

f) Prelijemo čez rumeno tortno plast. Potresemo s prihranjeno rumeno in čokoladno maso za torte. Pecite, dokler vrh ni zlato rjav, 20-25 minut.

g) Povsem ohladite na rešetki. Hraniti v nepredušni posodi.

34. Triple Fudge Browniji

Naredi: 12
Sestavine
- 1 paket (3,9 unč) mešanice instant čokoladnega pudinga
- 1 paket mešanice za čokoladno torto (navadne velikosti)
- 2 skodelici polsladkih čokoladnih koščkov
- sladkor
- Vanilijev sladoled

Navodila
a) Pripravite puding po navodilih na embalaži. Vmešajte suho mešanico za torte. Vmešajte čokoladne koščke.
b) Vlijemo v namaščen 15x10x1-in. pekač. Pecite pri 350°, dokler vrh ne odskoči, ko se ga rahlo dotaknete, 30-35 minut.
c) Potresemo s sladkorjem

35. Browniji s kremnim sirom

Naredi: 12

Sestavine
- 1 mešanica za čokoladno torto v škatli 18,25 unč
- ½ skodelice masla, stopljenega
- 2 jajci, razdeljeni
- ½ škatle slaščičarskega sladkorja
- 1 embalaža 8-unč kremnega sira, zmehčanega

Navodila
a) Pečico segrejte na 325°F. Pekač namastimo in pomokamo. Dati na stran.
b) Zmešajte mešanico za torte, maslo in 1 jajce. Dobro premešaj. Zmes vtisnite v pekač. Preostalo jajce zmešajte z zadnjima dvema sestavinama in namažite po vrhu zmesi za torto.
c) Pečemo 28 minut. Pustite, da se popolnoma ohladi v pekaču, preden ga razrežete na kvadratke.

36. Peanut Brownies

Naredi: 36
Sestavine
- 1 mešanica za torto s temno čokolado v pakiranju 18,25 unč
- ½ skodelice mletih koščkov temne čokolade
- ½ skodelice masla
- 2 jajci
- ¼ skodelice vode
- 1 16-unčna kad, pripravljena za namazanje vanilijeve glazure
- 1/3 skodelice arašidovega masla
- 2 skodelici sladkorja v prahu
- ¼ skodelice kakava
- 3 žlice vode
- ¼ skodelice arašidovega masla
- ¼ skodelice masla
- 1 čajna žlička vanilije

Navodila

a) Pečico segrejte na 350°F. Pekač velikosti 13" × 9" poškropite z nelepljivim razpršilom za peko, ki vsebuje moko, in ga postavite na stran.

b) V veliki skledi zmešajte mešanico za torto, mleto čokolado, $\frac{1}{2}$ skodelice arašidovega masla, jajca in vodo ter mešajte, dokler se ne združi. Stepajte 40 udarcev, nato pa razporedite v pripravljen pekač.

c) Pecite 26–31 minut oziroma dokler se rjavčki ne strdijo. Popolnoma ohladite na rešetki.

d) V isti posodi zmešajte sladkor v prahu in kakav ter dobro premešajte. V majhni skledi, primerni za uporabo v mikrovalovni pečici, zmešajte vodo, arašidovo maslo in segrejte v mikrovalovni pečici na visoki temperaturi, dokler se maslo ne stopi, približno 1 minuto.

e) Vlijemo v mešanico sladkorja v prahu, dodamo vanilijo in stepamo do gladkega.

f) Takoj prelijte nadev iz arašidovega masla in ga nežno razporedite, da pokrije. Pustite stati, dokler se glazura ne strdi, nato pa jo narežite na palice.

37. Brownie Bites

Naredi: 24

Sestavine
- 1 mešanica veganske čokoladne torte v škatli 18,25 unč
- 1 29-unčna pločevinka bučnega pireja
- 2 skodelici veganskih čokoladnih koščkov
- 1 skodelica sesekljanih orehov

Navodila
a) Pečico segrejte na 350°F.
b) Z električnim mešalnikom zmešajte mešanico za torto in bučo, dokler ni popolnoma mešana. Zložimo čokoladne koščke in orehe.
c) Po žlicah polagajte na pekač, ki se ne sprijema. Pečemo 10 minut. Ohladite na rešetki.

38. Choc chip Bud Brownies

Naredi: 12

Sestavine
- 1 paket 3,9 unč instant vanilijevega pudinga in sestavine, ki so navedene na škatli
- 2 skodelici polnomastnega mleka
- 1 mešanica za čokoladno torto v škatli 18,25 unč brez pudinga
- 2 skodelici polsladkih čokoladnih koščkov

Navodila
a) Pečico segrejte na 350°F.
b) Puding in mleko stepemo, da se dobro povežeta.
c) Mešanici za puding počasi dodajajte zmes za torte. Zložite čokoladne koščke.
d) Testo vlijemo v pekač za zvitke in pečemo 15 do 20 minut.
e) Pred rezanjem na palice pustite, da se nekoliko ohladi.

39. Lešnikovi browniji

Naredi: 24 brownijev

Sestavine:
- 1 skodelica mešanice za čokoladno torto
- 2 žlici nesoljenega masla
- 8 ŽLIC masla
- 1½ skodelice temno rjavega sladkorja, trdno pakiranega
- ½ skodelice mlečne čokolade
- ½ skodelice polsladkih čokoladnih koščkov
- ½ skodelice praženih lešnikov, sesekljanih

Navodila

a) Pečico segrejte na 340°F (171°C). Pekač velikosti 9 × 13 palcev (23 × 33 cm) rahlo premažite z razpršilom za kuhanje proti prijemanju in ga postavite na stran.

b) V dvojnem kotlu na majhnem ognju stopite skupaj nesoljeno maslo in maslo. Ko se stopi, odstavite z ognja in vmešajte temno rjavi sladkor. Mešanico masla in sladkorja vlijemo v zmes za torto in premešamo, da se združi.

c) Dodajte koščke mlečne čokolade, koščke polsladke čokolade in lešnike ter stepajte nekaj sekund, da se hitro porazdeli.

d) Mešanico prenesite v pripravljen pekač in pecite 23 do 25 minut ali dokler vrh ni videti temen in suh. Popolnoma ohladite v pekaču, preden ga razrežete na 24 kosov in prestavite na krožnik.

40. Browniji z nizko vsebnostjo ogljikovih hidratov

Naredi: 12

Sestavine
- 3 jajca, pretepena
- 12 T prepojenega masla
- 3oz. temna čokoladamešanica za torto
- 3/4 C eritritola

navodila:
a) Pečico segrejte na 350°F.
b) Suhe sestavine zmešamo in odstavimo.
c) Stopiteinfundiranomaslo in čokolado skupaj 30 sekund, dodajte v stepeno jajce in dobro premešajte. Vključite suhe sestavine.
d) Testo vlijemo v pekač 8x8, obložen s pergamentom. Pečemo 20 minut.

41. Grasshopper Browniji

Naredi: 12

Sestavine
- 1 mešanica čokoladnih piškotov v škatli za 10 unč
- 2 veliki jajci
- 5 žlic masla, stopljenega
- Bio čokoladni koščki
- 3 žlice arome poprove mete

Navodila
a) Pečico segrejte na 350°F. Namastite in pomokajte pekač za torto 8" × 8". Dati na stran.
b) V veliki posodi za mešanje zmešajte mešanico za piškote, jajca, maslo, koščke čokolade in aromo poprove mete.
c) Za mešanje sestavin uporabite električni mešalnik, nastavljen na srednjo hitrost. Testo vlijemo v pekač. Pečemo 25 minut.

42. Mint browniji

Naredi: 18

Sestavine
Brownji
- 1 skodelica (230 g) nesoljenega masla
- 2 unči polsladke čokolade, grobo narezane
- 1 skodelica mešanice za čokoladno torto

Metina glazura
- 1/2 skodelice (115 g) nesoljenega masla, zmehčanega na sobno temperaturo
- 2 skodelici (240 g) slaščičarskega sladkorja
- 2 žlici (30 ml) mleka
- 1 in 1/4 čajne žličke izvlečka poprove mete
- 1 kapljica tekoče ali gel zelene jedilne barve

Čokoladna plast
- 1/2 skodelice (115 g) nesoljenega masla
- 1 zvrhana skodelica (približno 200 g) polsladkih čokoladnih koščkov

Navodila
Za brownije:
a) Maslo in narezano čokolado stopite v srednji ponvi na srednjem ognju in med stalnim mešanjem približno 5 minut.
b) Zmešajte zmes za torto

Za plast metine glazure:
c) Maslo stepajte na srednji hitrosti, dokler ne postane gladko in kremasto, približno 2 minuti. Dodamo slaščičarski sladkor in mleko. Dodajte izvleček poprove mete in barvilo za živila ter stepajte pri visoki moči 1 polno minuto.
d) Ohlajene brownije, ki ste jih položili na pekač, pomrznite in pekač postavite v hladilnik.

Za čokoladno plast:
e) Maslo in čokoladne koščke raztopite v srednji ponvi na srednjem ognju in med stalnim mešanjem približno 5 minut.
f) Ko se stopi in postane gladka, prelijemo čez plast mete.
g) Nežno porazdelite z nožem ali lopatico. Ohladite se.
h) Ko se ohladi, ga vzamemo iz hladilnika in narežemo na kvadrate.

43. Čokoladni lešnikovi browniji

Sestavine:
- 1 skodelica nesladkanega kakava v prahu
- 1 skodelica večnamenske moke
- 1 čajna žlička. Soda bikarbona
- ¼ čajne žličke. sol
- 2 žlici nesoljenega masla
- 8 ŽLIC masla
- 1½ skodelice temno rjavega sladkorja, trdno pakiranega
- 4 velika jajca
- 2 čajni žlički. izvleček vanilije
- ½ skodelice mlečne čokolade
- ½ skodelice polsladkih čokoladnih koščkov
- ½ skodelice praženih lešnikov, sesekljanih

Navodila

a) Pečico segrejte na 340°F (171°C). Pekač velikosti 9 × 13 palcev (23 × 33 cm) rahlo premažite z razpršilom za kuhanje proti prijemanju in ga postavite na stran. V srednji skledi zmešajte nesladkan kakav v prahu, večnamensko moko, sodo bikarbono in sol. Dati na stran.

b) V dvojnem kotlu na majhnem ognju stopite skupaj nesoljeno maslo in maslo. Ko se stopi, odstavite z ognja in vmešajte temno rjavi sladkor. Mešanico masla in sladkorja vlijemo v mešanico moke in premešamo, da se združi.

c) V veliki skledi z električnim mešalnikom na srednji hitrosti 1 minuto stepajte jajca in vanilijev ekstrakt. Počasi dodajajte mešanico masla in moke in mešajte še 1 minuto, dokler se le ne združi. Dodajte koščke mlečne čokolade, koščke polsladke čokolade in lešnike ter stepajte nekaj sekund, da se hitro porazdeli.

d) Mešanico prenesite v pripravljen pekač in pecite 23 do 25 minut ali dokler vrh ni videti temen in suh. Popolnoma ohladite v pekaču, preden ga razrežete na 24 kosov in prestavite na krožnik.

e) Shranjevanje: Hranite tesno zavito v plastično folijo v hladilniku 4 do 5 dni ali v zamrzovalniku 4 do 5 mesecev.

44. arašidovin Jelly Fudge

Sestavine:
- Javorjev sirup, ¾ skodelice
- Ekstrakt vanilije, 1 čajna žlička
- Arašidi, 1/3 skodelice, sesekljani
- Arašidovo maslo, ¾ skodelice
- Posušene češnje, 1/3 skodelice, narezane na kocke
- Čokoladni beljakovinski prah, ½ skodelice

Navodila
a) Arašide in češnje nasekljajte in odložite.
b) Javorjev sirup segrejte na nizki temperaturi in ga v skledi prelijte čez arašidovo maslo. Mešajte do gladkega.
c) Dodajte vanilijo in beljakovinski prah ter dobro premešajte, da se združita.
d) Zdaj dodajte arašide in češnje ter nežno, a hitro prepognite.
e) Testo prenesite v pripravljen pekač in zamrznite, dokler se ne strdi.
f) Ko se strdi, narežite na ploščice in uživajte.

45. Mandljeva mešanica brez peke

Sestavine:
- Oves, 1 skodelica, zmlet v moko
- Med, ½ skodelice
- Hitri ovseni kosmiči, ½ skodelice
- Mandljevo maslo, ½ skodelice
- Ekstrakt vanilije, 1 čajna žlička
- Vanilijev beljakovinski prah, ½ skodelice
- Čokoladni koščki, 3 žlice hrustljavih riževih kosmičev, ½ skodelice

Navodila

a) Pekač poškropite s pršilom za kuhanje in ga pustite ob strani. Kombinirajte riževe kosmiče z ovseno moko in hitrim ovsom. Drži na stran.
b) V ponvi stopite mandljevo maslo z medom in dodajte vanilijo.
c) To mešanico prenesite v skledo s suhimi sestavinami in dobro premešajte.
d) Prenesite v pripravljen pekač in poravnajte z lopatko.
e) Hladite 30 minut ali dokler se ne strdi.
f) Medtem stopite čokolado.
g) Mešanico odstranite iz ponve in po vrhu pokapajte stopljeno čokolado. Ponovno ohladite, dokler se čokolada ne strdi, nato pa jo narežite na ploščice želene velikosti.

46. Proteinske ploščice Red Velvet Fudge

Sestavine:
- Pire pečene pese, 185 g
- Vanilijeva pasta, 1 čajna žlička
- Nesladkano sojino mleko, ½ skodelice
- Maslo iz orehov, 128 g
- Rožnata himalajska sol, 1/8 čajne žličke
- Ekstrakt (maslo), 2 žlički
- Surova stevija, ¾ skodelice
- Ovsena moka, 80 g
- Beljakovine v prahu, 210 g

Navodila

a) V ponvi stopite maslo in dodajte ovseno moko, beljakovine v prahu, pesin pire, vanilijo, ekstrakt, sol in stevio. Mešajte, dokler se ne združi.

b) Zdaj dodajte sojino mleko in mešajte, dokler se dobro ne premeša.

c) Mešanico prestavimo v ponev in ohladimo za 25 minut.

d) Ko je zmes čvrsta, narežite na 6 ploščic in uživajte.

47. Fudge Munchies

Obroki: 6-8

Sestavine:
- 1/2 skodelice masla
- 1/2 skodelice mandljevega masla
- 1/8 do 1/4 skodelice medu
- 1/2 zmečkane banane
- 1 čajna žlička. Izvleček vanilije
- poljubno maslo iz orehov
- 1/8 skodelice suhega sadja
- 1/8 skodelice čokoladnih koščkov

navodila:
a) V mešalniku ali kuhinjskem robotu dodajte vse sestavine. Mešajte nekaj minut, dokler ni gladka. 2. Maso vlijemo v pekač, obložen s papirjem za peko.
b) Ohladite ali zamrznite, dokler se ne strdi. Razrežite na 8 enakih kvadratov.

48. Zamrznjeni Mocha Browniji

Sestavine

- 1 c. sladkor
- 1/2 c. maslo, zmehčano
- 1/3 c. kakav za peko
- 1 t. zrnca instant kave
- 2 jajci, pretepeni
- 1 t. izvleček vanilije
- 2/3 c. večnamenska moka
- 1/2 t. pecilni prašek
- 1/4 t. sol
- 1/2 c. sesekljanih orehov

Navodila

a) V ponvi zmešajte sladkor, maslo, kakav in kavna zrnca. Kuhajte in mešajte na srednjem ognju, dokler se maslo ne stopi. Odstranite z ognja; ohladite 5 minut. Dodajte jajca in vanilijo; mešajte, dokler se ne združi.

b) Zmešajte moko, pecilni prašek in sol; zložite orehe. Testo razporedite v pomaščen pekač 9"x9". Pečemo pri 350 stopinjah 25 minut ali dokler ni strjeno.

c) Ohladite v pekaču na rešetki. Mocha glazuro namažite po ohlajenih piškotih; narežite na palice. Naredi eno desetico.

49. Blondinke s chia semeni iz orehovega masla

Sestavine

- 2 1/4 skodelice pekanov, praženih
- 1/2 skodelice chia semen
- 1/4 skodelice masla, stopljenega
- 1/4 skodelice eritritola v prahu
- 1 žlica SF Torani soljenega

karamela

- 2 kapljici tekoče stevije
- 2 veliki jajci
- 1 čajna žlička. Pecilni prašek
- 3 žlice težke smetane
- 1 ščepec soli

Navodila

a) Pečico segrejte na 350 F. Odmerite 2 1/4 skodelice pekanov
b) Zmeljemo 1/2 skodelice celih chia semen v mlinčku za začimbe, dokler ne nastane obrok.
c) Odstranite chia obrok in ga položite v skledo. Nato zmeljemo 1/4 skodelice eritritola v mlinčku za začimbe, dokler ne postane prah. Postavite v isto skledo kot chia obrok.
d) Položite 2/3 praženih orehov orehov v kuhinjski robot.
e) Obdelujte oreščke, po potrebi strgajte stran navzdol, dokler ne nastane gladko maslo iz oreščkov.
f) Mešanici chia dodajte 3 velika jajca, 10 kapljic tekoče stevije, 3 žlice SF slanega karamelnega torani sirupa in ščepec soli. To skupaj dobro premešajte.
g) Masli dodajte orehovo maslo in ponovno premešajte.
h) Z valjarjem razdrobite preostanek praženih pekanov v plastično vrečko na koščke.
i) Dodajte zdrobljene orehe in 1/4 skodelice stopljenega masla v testo.

j) Testo dobro premešajte in nato dodajte 3 žlice težke smetane in 1 čajno žličko. Pecilni prašek. Vse skupaj dobro premešamo.
k) Testo odmerite v pladenj 9×9 in ga zgladite.
l) Pečemo 20 minut ali do želene gostote.
m) Pustite, da se ohladi približno 10 minut. Odrežite robove kolačka, da ustvarite enoten kvadrat. Temu jaz pravim "pekovska poslastica" – ja, uganili ste!
n) Prigriznite te slabe fante, medtem ko jih pripravite za postrežbo vsem ostalim. Tako imenovani »najboljši del« brownieja so robovi in zato si zaslužite imeti vse.
o) Postrezite in pojejte po srcu (ali raje makroh)!

50.   Jabolčni piškoti

Sestavine
- 1/2 c. maslo, zmehčano
- 1 c. sladkor
- 1 t. izvleček vanilije
- 1 jajce, pretepeno
- 1-1/2 c. večnamenska moka
- 1/2 t. Soda bikarbona

Navodila
a) Pečico segrejte na 350 stopinj F (175 stopinj C). Namastite pekač velikosti 9x9 palcev.
b) V veliki skledi stepite skupaj stopljeno maslo, sladkor in jajce, dokler ne postane puhasto. Zložite jabolka in orehe. V ločeni skledi presejte moko, sol, pecilni prašek, sodo bikarbono in cimet.
c) Mešanico moke vmešajte v mokro zmes, dokler se le ne zmeša. Testo enakomerno porazdelite po pripravljenem pekaču.
d) Pecite 35 minut v predhodno ogreti pečici ali dokler zobotrebec, ki ga zapičite v sredino, ne izstopi čist.

51. Browniji iz lubja poprove mete

Sestavine
- 20 oz. pakiranje mešanica za fudge brownije
- 12 oz. pakiranje koščki bele čokolade
- 2 t. margarina
- 1-1/2 c. sladkarije, zdrobljene

Navodila
a) Pripravite in specite mešanico za brownije v skladu z navodili na embalaži v namaščenem pekaču velikosti 13"x9". Po pečenju popolnoma ohladimo v pekaču.
b) V ponvi na zelo nizkem ognju stopite čokoladne koščke in margarino, nenehno mešajte z gumijasto lopatko. Razporedite mešanico čez brownije; potresemo z zdrobljenimi bonboni.
c) Pustite stati približno 30 minut, preden ga razrežete na kvadratke. Naredi 2 ducata.

52. Ploščice iz arašidovega masla

Sestavine
Skorja
- 1 skodelica mandljeve moke
- 1/4 skodelice masla, stopljenega
- 1/2 čajne žličke. Cimet
- 1 žlica eritritola
- Ščepec soli

The Fudge
- 1/4 skodelice težke smetane
- 1/4 skodelice masla, stopljenega
- 1/2 skodelice arašidovega masla
- 1/4 skodelice eritritola
- 1/2 čajne žličke. Izvleček vanilije
- 1/8 čajne žličke. Ksantan gumi
- Prelivi
- 1/3 skodelice Lily's Chocolate, sesekljane

Navodila
a) Pečico segrejte na 400°F. Stopite 1/2 skodelice masla. Polovica bo za skorjo in polovica za fudge. Zmešajte mandljevo moko in polovico stopljenega masla.

b) Dodajte eritritol in cimet ter premešajte. Če uporabljate nesoljeno maslo, dodajte ščepec soli, da poudarite več okusov.

c) Zmešajte do enakomernosti in vtisnite na dno pekača, obloženega s peki papirjem. Pecite skorjo 10 minut ali dokler robovi niso zlato rjavi. Vzemite ven in pustite, da se ohladi.

d) Za nadev zmešajte vse sestavine za fudge v majhnem mešalniku ali predelovalniku hrane in zmešajte. Uporabite lahko tudi električni ročni mešalnik in skledo.

e) Prepričajte se, da strgate po straneh in dobite vse sestavine dobro združene.

f) Ko je skorja ohlajena, jo nežno razporedite vse do sten pekača. Uporabite lopatico, da kar najbolje poravnate vrh.
g) Tik pred hlajenjem ploščice obložite z nekaj sesekljane čokolade.
h) Ohladite čez noč ali zamrznite, če želite kmalu.
i) Ko se ohladijo, odstranite palice tako, da izvlečete pergamentni papir.
j) Narežite na 8-10 ploščic in postrezite! Te ploščice z arašidovim maslom bi morali uživati ohlajene!

53. Najljubši piškoti z bučkami

Sestavine
- 1/4 c. maslo, stopljeno
- 1 skodelica arašidovega masla
- 1 jajce, pretepeno
- 1 t. izvleček vanilije
- 1 c. večnamenska moka
- 1 t. pecilni prašek
- 1/2 t. Soda bikarbona
- 1 T. vode
- 1/2 t. sol
- 2-1/2 T. kakava za peko
- 1/2 c. sesekljanih orehov
- 3/4 c. bučke, narezane
- 1/2 c. polsladki čokoladni čips

Navodila
a) V veliki skledi zmešajte vse sestavine razen čokoladnih koščkov.
b) Testo razporedite v namaščen pekač 8 "x8"; testo potresemo s čokoladnimi koščki.
c) Pečemo pri 350 stopinjah 35 minut. Pred rezanjem na ploščice ohladite. Naredi eno desetico.

54. Browniji s sladno čokolado

Sestavine

- 12 oz. pakiranje koščki mlečne čokolade
- 1/2 c. maslo, zmehčano
- 3/4 c. sladkor
- 1 t. izvleček vanilije
- 3 jajca, pretepena
- 1-3/4 c. večnamenska moka
- 1/2 c. sladno mleko v prahu
- 1/2 t. sol
- 1 c. kroglice sladnega mleka, grobo sesekljane

Navodila

a) Čokoladne koščke in maslo stopite v ponvi na nizkem ognju in pogosto mešajte. Odstranite z ognja; pustimo, da se nekoliko ohladi.

b) V navedenem vrstnem redu zmešajte preostale sestavine, razen kroglic iz sladnega mleka.

c) Testo razporedite v pomaščen pekač 13"x9". Potresemo s sladnimi mlečnimi kroglicami; pečemo pri 350 stopinjah 30 do 35 minut. Kul. Narežemo na palice. Naredi 2 ducata.

55. Nemški čokoladni browniji

Sestavine

- 14 oz. pakiranje karamele, neovite
- 1/3 c. evaporirano mleko
- 18-1/4 oz. pakiranje Nemška mešanica za čokoladne torte
- 1 c. sesekljanih orehov
- 3/4 c. maslo, stopljeno
- 1 do 2 c. polsladki čokoladni čips

Navodila

a) V dvojnem kotlu stopite karamele z izhlapenim mlekom. V skledi zmešajte suho mešanico za torte, orehe in maslo; mešajte, dokler se zmes ne združi. Polovico testa vtisnite v pomaščen in pomokan pekač 13"x9".

b) Pečemo pri 350 stopinjah 6 minut. Odstranite iz pečice; potresemo s čokoladnimi koščki in pokapljamo s karamelno mešanico. Z žlico prelijte preostalo testo.

c) Pečemo pri 350 stopinjah 15 do 18 minut dlje. Cool; narežemo na palice. Naredi 1-1/2 ducata.

56. Matcha zeleni čaj Fudge

Sestavine:
- Maslo iz praženih mandljev, 85 g
- Ovsena moka, 60 g
- Nesladkano vanilijevo mandljevo mleko, 1 skodelica
- Beljakovine v prahu, 168 g
- Temna čokolada, 4 oz. stopljeno
- Matcha zeleni čaj v prahu, 4 čajne žličke
- Izvleček stevije, 1 čajna žlička
- Limona, 10 kapljic

Navodila
a) V kozici stopite maslo in dodajte ovseno moko, čaj v prahu, beljakovine v prahu, limonine kapljice in stevio. Dobro premešaj.
b) Zdaj prilijte mleko in nenehno mešajte, dokler se dobro ne združi.
c) Mešanico prenesite v pekač za hlebce in ohladite, dokler se ne strdi.
d) Po vrhu pokapljamo s stopljeno čokolado in ponovno ohladimo, da se čokolada strdi.
e) Narežite na 5 ploščic in uživajte.

57. Medenjaki Browniji

Sestavine

- 1-1/2 c. večnamenska moka
- 1 c. sladkor
- 1/2 t. Soda bikarbona
- 1/4 c. kakav za peko
- 1 t. mleti ingver
- 1 t. cimet
- 1/2 t. mleti klinčki
- 1/4 c. maslo, stopljeno in rahlo ohlajeno
- 1/3 c. melasa
- 2 jajci, pretepeni
- Okras: sladkor v prahu

Navodila

a) V veliki skledi zmešajte moko, sladkor, sodo bikarbono, kakav in začimbe. V ločeni skledi zmešajte maslo, melaso in jajca. Dodajte mešanico masla mešanici moke in mešajte, dokler se le ne združi.

b) Testo razporedite v pomaščen pekač 13"x9". Pecite pri 350 stopinjah 20 minut ali dokler zobotrebec ni čist, ko ga vstavite v sredino.

c) Ohladite v pekaču na rešetki. Potresemo s sladkorjem v prahu. Narežemo na kvadratke. Naredi 2 ducata.

PIŠKOTKI

58. Piškoti s pereci in karamelo

Naredi približno 2 ducata

Sestavine
- 1 paket mešanice za čokoladno torto (navadne velikosti)
- 1/2 skodelice masla, stopljenega
- 2 veliki jajci, sobne temperature
- 1 skodelica zlomljenih miniaturnih prestic, razdeljena
- 1 skodelica polsladkih čokoladnih koščkov
- 2 žlici soljenega karamelnega preliva

Navodila
a) Pečico segrejte na 350°. Zmešajte mešanico za torto, stopljeno maslo in jajca; stepajte, dokler se ne zmeša. Vmešajte 1/2 skodelice preste, koščke čokolade in karamelni preliv.
b) Z zaokroženo jedilno žlico 2 in. narazen polagajte na namaščene pekače. Rahlo poravnajte z dnom kozarca; pritisnite preostale preste na vrh vsakega. Pečemo 8-10 minut ali dokler ni strjeno.
c) Ohladite na pekačih 2 minuti. Odstranite na rešetke, da se popolnoma ohladijo.

59. Konopljin piškot Buckeye

Za 12 obrokov

Sestavine
- 1 paket mešanice za čokoladno torto (navadne velikosti)
- 2 veliki jajci, sobne temperature
- 1/2 skodelice olivnega olja
- 1 skodelica polsladkih čokoladnih koščkov
- 1 skodelica kremastega arašidovega masla
- 1/2 skodelice slaščičarskega sladkorja

Navodila
a) Pečico segrejte na 350°.
b) V veliki skledi zmešajte mešanico za kolače, jajca in olje, dokler se ne zmešajo. Vmešajte čokoladne koščke. Pritisnite polovico testa v 10-in. litoželezna ali druga ponev, primerna za pečico.
c) Zmešajte arašidovo maslo in slaščičarski sladkor; razporedite po testu v ponvi.
d) Preostalo testo vtisnite med liste pergamenta v 10-in. krog; postavite prenapolnjenost.
e) Pecite, dokler zobotrebec, zaboden v sredino, ne izstopi z vlažnimi drobtinami, 20-25 minut.

60. Mešanica piškotov za torto

Naredi: 54 porcij

Sestavina
- 1 paket mešanice za nemško čokoladno torto; vključen puding
- 1 skodelica polsladkih čokoladnih koščkov
- $\frac{1}{2}$ skodelice valjanega ovsa
- $\frac{1}{2}$ skodelice rozin
- $\frac{1}{2}$ skodelice olivnega olja
- 2 jajci; rahlo potolčeno

Navodila
a) Pečico segrejte na 350 stopinj.
b) V veliki skledi zmešajte vse sestavine; dobro premešajte. Testo po zaokroženi čajni žlički spuščajte na dva centimetra narazen na nenamazane pekače za piškote.
c) Pečemo pri 350 stopinjah 8-10 minut ali dokler ni strjeno. Ohladite 1 minuto; odstranite s piškotkov.

61. Piškoti Devil Crunch

Naredi: 60 PIŠKOTKOV

Sestavine
- 1 mešanica za čokoladno torto 18,25 unč
- ½ skodelice olivnega olja
- 2 jajci, rahlo stepeni
- ½ skodelice sesekljanih pekanov
- 5 običajnih tablic mlečne čokolade, razdeljenih na kvadratke
- ½ skodelice sladkanega kokosovega oreha

Navodila
a) Pečico segrejte na 350°F.
b) V skledi zmešajte mešanico za kolače, olje in jajca ter popolnoma premešajte. Nežno zložite orehe v testo.
c) Maso po žličkah spuščajte na nenamazane pekače za piškote. Pečemo 10 minut. Odstranite, ko so piškoti strjeni, vendar še vedno nekoliko mehki v sredini.
d) Na vsak piškot položite en kvadrat mlečne čokolade. Ko se stopi, namažemo, da ustvarimo čokoladni obliv na vrhu piškota.
e) Piškote takoj prenesite na rešetko in pustite, da se popolnoma ohladijo.

62. Pecan piškoti

Naredi: 24 PIŠKOTKOV

Sestavine
- 1 skodelica mešanice za torto z maslenimi orehi
- 1 skodelica mešanice za čokoladno torto
- 2 jajci, rahlo stepeni
- ½ skodelice olivnega olja
- 2 žlici vode

Navodila
a) Pečico segrejte na 350°F.
b) Sestavine združite in premešajte, da nastane enakomerna masa.
c) Po žlicah kapljajte na nenamaščen pekač za piškote. Pečemo 15 minut ali dokler zlato ne porumeni in strdi.
d) Pustite, da se ohladi na piškotnem listu 5 minut. Odstranite na rešetko, da se popolnoma ohladi.

63. Browniji s stepeno smetano

Naredi; 48 PIŠKOTKI

Sestavine
- 1 mešanica za čokoladno torto v škatli 18 unč
- 1 žlica kakava v prahu
- 1 jajce
- 1 skodelica pekan orehov, sesekljana
- ¼ skodelice sladkorja
- 4 unče stepenega preliva

Navodila
a) Pečico segrejte na 350°F.
b) Zmešajte mešanico za torto, kakav v prahu in jajce ter dobro premešajte. Nežno zložite orehe v testo.
c) Roke potresemo s sladkorjem, nato iz testa oblikujemo majhne kroglice. Piškotne kroglice obložimo s sladkorjem.
d) Položite na pekač za piškote, med piškotki pa pustite 2 cm razdalje.
e) Pečemo 12 minut ali dokler ni strjeno. Odstranite iz pečice in prenesite na rešetko, da se ohladi. Prelijemo s stepenim prelivom.

64. Mešanica za torto Sendvič piškoti

Naredi: 10

Sestavine
- 1 mešanica za čokoladno torto v škatli 18,25 unč
- 1 jajce, sobne temperature
- ½ skodelice masla
- 1 12-unčna vanilijeva glazura

Navodila
a) Pečico segrejte na 350°F.
b) Pekač za piškote pokrijte s plastjo pergamentnega papirja. Dati na stran.
c) V veliki skledi za mešanje zmešajte mešanico za torto, jajca in maslo. Z električnim mešalnikom ustvarite gladko, enotno testo.
d) Testo za piškote razvaljajte v 1" kroglice in jih položite na piškotni list. Vsako kroglico pritisnite z žlico, da se splošči. Pecite 10 minut.
e) Pustite, da se piškoti popolnoma ohladijo, preden med dva piškota položite plast glazure.

65. Granola in čokoladni piškoti

Naredi: 36 PIŠKOTKOV

Sestavine
- 1 mešanica za čokoladno torto 18,25 unč
- ¾ skodelice masla. zmehčan
- ½ skodelice pakiranega rjavega sladkorja
- 2 jajci
- 1 skodelica granole
- 1 skodelica belih čokoladnih koščkov
- 1 skodelica posušenih češenj

Navodila
a) Pečico segrejte na 375°F.
b) V veliki skledi zmešajte mešanico za torte, maslo, rjavi sladkor in jajca ter stepajte, dokler ne nastane testo.
c) Vmešajte granolo in koščke bele čokolade. Po polno čajno žličko kanite približno 2 cm narazen na nenamazane pekače za piškote.
d) Pecite 10–12 minut oziroma dokler piškoti po robovih niso rahlo zlato rjavi.
e) Ohladite na pekačih za piškote 3 minute, nato jih odstranite na rešetko.

66. Sladkorni piškoti

Naredi: 48 PIŠKOTKOV

Sestavine
- 1 mešanica za torto z belo čokolado 18,25 unč
- $\frac{3}{4}$ skodelice masla
- 2 beljaka
- 2 žlici svetle smetane

Navodila
a) Mešanico za torto dajte v veliko skledo. Z mešalnikom za pecivo ali dvema vilicama narežite maslo, dokler delci niso drobni.
b) Mešajte beljake in smetano, dokler se ne zmešata. Testo oblikujemo v kroglo in pokrijemo.
c) Hladite vsaj dve uri in največ 8 ur v hladilniku.
d) Pečico segrejte na 375°F.
e) Testo razvaljajte v 1" kroglice in položite na nenamazane pekače za piškote. Z dnom kozarca sploščite na $\frac{1}{4}$" debeline.
f) Pecite 7-10 minut ali dokler robovi piškotov niso svetlo rjavi.
g) Ohladite na pekačih za piškote 2 minuti, nato jih odstranite na rešetke, da se popolnoma ohladijo.

67. nemški piškotki

Naredi: 4 ducate piškotov

Sestavine
- 1 nemška mešanica za čokoladne torte v škatli 18,25 unč
- 1 skodelica polsladkih čokoladnih koščkov
- 1 skodelica ovsenih kosmičev
- ½ skodelice olivnega olja
- 2 jajci, rahlo stepeni
- ½ skodelice rozin
- 1 čajna žlička vanilije

Navodila
a) Pečico segrejte na 350°F.
b) Združite vse sestavine. Dobro premešajte z električnim mešalnikom, nastavljenim na nizko hitrost. Če se razvijejo mokaste drobtine, dodajte kanček vode.
c) Testo po žlicah padajte na nenamaščen pekač za piškote.
d) Pečemo 10 minut.
e) Popolnoma ohladite, preden piškote dvignete s plošče in jih položite na servirni krožnik.

68. Piškotki iz janeža

Obroki: 36

Sestavine:
- 1 skodelica sladkorja
- 1 skodelica masla
- 3 skodelice moke
- ½ skodelice mleka
- 2 stepena jajca
- 1 žlica pecilnega praška
- 1 žlica mandljevega ekstrakta
- 2 žlički janeževega likerja
- 1 skodelica slaščičarskega sladkorja

Navodila:
a) Pečico segrejte na 375 stopinj Fahrenheita.
b) Sladkor in maslo penasto stepite, dokler ne postane svetlo in puhasto.
c) Postopoma dodajte moko, mleko, jajca, pecilni prašek in mandljev ekstrakt.
d) Testo gnetemo, dokler ne postane lepljivo.
e) Ustvarite majhne kroglice iz 1-palčnih kosov testa.
f) Pečico segrejte na 350°F in namastite pekač. Kroglice položimo na pekač.
g) Pečico segrejte na 350°F in piškote pecite 8 minut.
h) V posodi za mešanje zmešajte janežev liker, slaščičarski sladkor in 2 žlici vroče vode.
i) Nazadnje še tople piškote pomočimo v glazuro.

69.   Piškoti s koščki čokolade

Obroki: 12 piškotov
Sestavine:
- ½ skodelice masla
- ⅓ skodelice kremnega sira
- 1 stepeno jajce
- 1 čajna žlička vanilijevega ekstrakta
- ⅓ skodelice eritritola
- ½ skodelice kokosove moke
- ⅓ skodelice čokoladnega čipsa brez sladkorja

navodila:
a) Predgrejte cvrtnik na 350 °F. Košaro cvrtnika obložite s pergamentnim papirjem in vanjo položite piškote
b) V skledi zmešamo maslo in kremni sir. Dodamo eritritol in vanilijev ekstrakt ter stepamo, dokler ne postane puhasto. Dodajte jajce in stepajte, dokler ni vključeno. Primešamo kokosovo moko in čokoladne koščke. Testo pustimo počivati 10 minut.
c) Zajemajte približno 1 žlico testa in oblikujte piškote.
d) Piškote položite v košaro cvrtnika in jih pecite 6 minut.

70. Sladki zeleni piškoti

Sestavine:
- 165 g zelenega graha.
- 80 g sesekljanih datljev Medrol.
- 60 g svilenega tofuja, pire.
- 100 g mandljeve moke.
- 1 čajna žlička pecilnega praška.
- 12 mandljev.

navodila:
a) Pečico segrejte na 180° C/350° F.
b) V kuhinjskem robotu zmešajte grah in datlje.
c) Procesirajte, dokler ne nastane gosta pasta.
d) Grahovo mešanico prenesite v skledo. Vmešajte tofu, mandljevo moko in pecilni prašek. Zmes oblikujemo v 12 kroglic.
e) Kroglice razporedite po pekaču, obloženem s peki papirjem. Vsako kroglico sploščite z naoljeno dlanjo.
f) V vsak piškot vstavimo mandelj. Piškote pečemo 25-30 minut oziroma dokler niso nežno zlato rjavi.
g) Pred serviranjem ohladite na rešetki.

71. Piškoti s koščki čokolade

Sestavine:
- 2 skodelici večnamenske moke brez glutena.
- 1 čajna žlička sode bikarbone.
- 1 čajna žlička morske soli.
- 1/4 skodelice veganskega jogurta.
- 7 žlic veganskega masla.
- 3 žlice masla iz indijskih oreščkov
- 1 1/4 skodelice kokosovega sladkorja.
- 2 chia jajci.
- Ploščica temne čokolade, porcije vlomi.

navodila:
a) Pečico segrejte na 375 ° F
b) V srednje veliki skledi za mešanje zmešajte moko brez glutena, sol in sodo bikarbono. Odstavite, medtem ko stopite maslo.
c) V skledo dodajte maslo, jogurt, maslo iz indijskih oreščkov, kokosov sladkor in z mešalnikom ali ročnim mešalnikom mešajte nekaj minut, dokler se ne poveže.
d) Vključite chia jajca in dobro premešajte.
e) V mešanico chia jajc dodajte moko in mešajte pri nizki temperaturi, dokler se ne poveže.
f) Zložite koščke čokolade.
g) Testo postavimo v hladilnik za 30 minut, da se strdi.
h) Testo vzamemo iz hladilnika in pustimo, da se segreje na sobno temperaturo, približno 10 minut, in pekač za piškote obložimo s pergamentnim papirjem.
i) Z rokami zajemite 1 1/2 žlico testa za piškote na pergamentni papir. Pustite malo prostora med posameznimi piškoti.
j) Piškote pečemo 9-11 minut. Navdušite se!

72. Piškoti za predjed iz sira

Dobitek: 1 porcija

Sestavina
- 4 unče (1 skodelica) naribanega ostrega sira čedar.
- ½ skodelice majoneze ali zmehčanega masla
- 1 skodelica večnamenske moke
- ½ čajne žličke soli
- 1 dash Mleta rdeča paprika

navodila:
a) Rahlo žlico moke v merilno skodelico; izravnati.
b) V zmerni posodi zmešamo sir, margarino, moko, sol in rdečo papriko. Temeljito premešajte in pokrijte ter ohladite 1 uro.
c) Testo oblikujte v 1-palčne kroglice.
d) Položite 2 cm narazen na nenamaščen pekač. Poravnajte z vilicami ali uporabite površino za mehčanje mesa, pomočeno v moko.
e) Po želji rahlo potresemo s papriko.
f) Pečemo na žaru 10 do 12 minut

73.   Sladkorni mandljevi piškoti

Dobitek: 32 piškotov

Sestavina
- 5 žlic margarine (75 g)
- 1½ žlice fruktoze
- 1 žlica jajčnega beljaka (15 ml)
- ¼ čajne žličke ekstrakta mandljev, vanilije ali limone (1,25 ml)
- 1 skodelica nebeljene moke (125 g)
- ⅛ čajne žličke sode bikarbone (0,6 ml)
- 1 ščepec vinskega kamna
- 32 rezin mandljev

Navodila

a) Pečico segrejte na 350F (180C). V srednje veliki skledi zmešajte margarino in fruktozo ter stepajte, dokler ne postane svetlo in puhasto. Zmešajte jajčni beljak in mandljev ekstrakt. Postopoma vmešajte moko, sodo bikarbono in vinski kamen; dobro premešaj. Oblikujte ½-palčne (1½ cm) kroglice. Postavite na neoprijemljiv pekač za piškote.

b) Vsak piškot pokrijte z rezino mandlja. Pečemo 8 do 10 minut, dokler rahlo ne porjavi. Prenesite na pergament ali voščen papir, da se ohladi.

74. Sladkorni piškoti

Naredi: 48 PIŠKOTKOV

Sestavine
- 1 mešanica za torto z belo čokolado 18,25 unč
- ¾ skodelice masla
- 2 beljaka
- 2 žlici svetle smetane

Navodila
a) Mešanico za torto dajte v veliko skledo. Z mešalnikom za pecivo ali dvema vilicama narežite maslo, dokler delci niso drobni.
b) Mešajte beljake in smetano, dokler se ne zmešata. Testo oblikujemo v kroglo in pokrijemo.
c) Hladite vsaj dve uri in največ 8 ur v hladilniku.
d) Pečico segrejte na 375°F.
e) Testo razvaljajte v 1" kroglice in položite na nenamazane pekače za piškote. Z dnom kozarca sploščite na ¼" debeline.
f) Pecite 7-10 minut ali dokler robovi piškotov niso svetlo rjavi.
g) Ohladite na pekačih za piškote 2 minuti, nato jih odstranite na rešetke, da se popolnoma ohladijo.

75.   Sladkorni piškoti z glazuro iz maslene smetane

DOBITEK: 5 DUCAT

Sestavine

Piškotek:
- 1 skodelica masla
- 1 skodelica belega sladkorja
- 2 jajci
- 1/2 čajne žličke vanilijevega ekstrakta
- 31/4 skodelice večnamenske moke
- 1/2 čajne žličke pecilnega praška
- 1/2 čajne žličke sode bikarbone
- 1/2 čajne žličke soli

Glazura iz maslene kreme:
- 1/2 skodelice masti
- 1 funt slaščičarskega sladkorja
- 5 žlic vode
- 1/4 čajne žličke soli
- 1/2 čajne žličke vanilijevega ekstrakta
- 1/4 čajne žličke ekstrakta z okusom masla

Navodila

a) V veliki skledi z električnim mešalnikom zmešajte maslo, sladkor, jajca in vanilijo, dokler ne postane svetlo in puhasto. Zmešajte moko, pecilni prašek, sodo bikarbono in sol; z močno žlico postopoma vmešajte mešanico moke v mešanico masla, dokler ni dobro premešana. Testo ohladite 2 uri.

b) Pečico segrejte na 400°F (200°C). Na rahlo pomokani površini razvaljajte testo na 1/4-palčno debelino. Z modelčki za piškote narežemo na želene oblike. Piškote položite 2 cm narazen na nenamazane pekače za piškote.

c) Pečemo 4 do 6 minut v predhodno ogreti pečici. Piškote odstranite iz pekača in ohladite na rešetki.

d) Z električnim mešalnikom stepite mast, slaščičarski sladkor, vodo, sol, ekstrakt vanilije in aromo masla, dokler ne postane puhasto. Zamrznite piškote, ko se popolnoma ohladijo.

76. Sladkorni piškoti z mandljevimi kockami

Dobitek: 1 obrok
Sestavina
- $2\frac{1}{4}$ skodelice večnamenske moke
- 1 skodelica sladkorja
- 1 skodelica masla
- 1 jajce
- 1 čajna žlička sode bikarbone
- 1 čajna žlička vanilije
- 6 unč koščkov mandljevih opek

Navodila

a) Pečico segrejte na 350 F. Namastite pekače za piškote. V veliki skledi mešalnika zmešajte moko, sladkor, maslo, jajce, sodo bikarbono in vanilijo. Stepajte pri srednji hitrosti, pogosto strgajte posodo, dokler se dobro ne zmeša, 2 do 3 minute. Vmešajte koščke mandljevih opek.

b) Oblikujte okrogle jedilne žlice testa v 1-palčne kroglice. Postavite 2 cm narazen na pripravljene piškotne liste. Piškote sploščite na $\frac{1}{4}$ palca debeline z dnom namazanega stekla, potopljenega v sladkor.

c) Pečemo 8 do 11 minut ali dokler robovi niso rahlo porjaveli. Odstranite takoj.

77.   Amish sladkorni piškoti

Dobitek: 24 obrokov

Sestavina
- $\frac{1}{2}$ skodelice sladkorja;
- $\frac{1}{3}$ skodelice sladkorja v prahu;
- $\frac{1}{4}$ skodelice margarine; (1/2 palice)
- $\frac{1}{3}$ skodelice rastlinskega olja
- 1 jajce; (velik)
- 1 čajna žlička vanilije
- 1 čajna žlička arome limone ali mandljev
- 2 žlici vode
- $2\frac{1}{4}$ skodelice večnamenske moke
- $\frac{1}{2}$ čajne žličke sode bikarbone
- $\frac{1}{2}$ čajne žličke vinskega kamna;
- $\frac{1}{2}$ čajne žličke soli

Navodila

a) V skledo mešalnika damo sladkor, margarino in olje ter na srednji hitrosti kremasto mešamo. Dodajte jajce, vanilijo, aromo in vodo ter mešajte pri srednji hitrosti 30 sekund, strgajte po posodi pred in po dodajanju teh sestavin. Preostale sestavine zmešajte skupaj, da se dobro premešajo; dodajte kremni zmesi in mešajte pri srednji hitrosti, da se premeša. Testo oblikujte v 24 kroglic z 1 žlico testa na kroglico.

b) Kroglice položite na piškotne plošče, ki ste jih popršili s pršilom za ponev ali obložili z aluminijasto folijo. Kroglice enakomerno pritisnite na $\frac{1}{2}$' s hrbtno stranjo žlice, pomočeno v vodo. Pecite pri 375 stopinjah 12 do 14 minut ali dokler piškoti na dnu ne porjavijo in rahlo porjavijo po robovih. Piškote odstranite na rešetko in ohladite na sobno temperaturo.

78. Osnovni sladkorni piškoti iz masti

Dobitek: 1 porcija
Sestavina
- $\frac{3}{4}$ skodelice masti
- $\frac{3}{4}$ skodelice pakiranega rjavega sladkorja
- 1 vsako jajce
- 1 čajna žlička vanilije
- 1 čajna žlička pecilnega praška
- 2 skodelici moke

Navodila
a) Mast, sladkor in jajce stepemo skupaj, da postanejo kremasto in dobro premešani.
b) Vmešajte vanilijo in dodajte pecilni prašek in moko, dokler ne nastane testo.
c) Testo oblikujte v kroglice s premerom približno 1 cm in jih položite na pekač za piškote.
d) Kroglice rahlo sploščimo s prsti, da dobimo okrogel piškot.
e) Pečemo v predhodno ogreti pečici na 350, dokler robovi niso lepo rjavi. Odstranite in pustite, da se ohladi.

79. Sladkorni piškoti s cimetom

Dobitek: 48 obrokov

Sestavina
- 2½ skodelice moke
- ½ skodelice masla
- 2½ čajne žličke pecilnega praška
- ¾ skodelice sladkorja
- ¼ čajne žličke soli
- 1 jajce; pretepen
- ⅛ čajne žličke cimeta
- ½ skodelice pinjenca
- Mešanica sladkorja
- ½ skodelice sladkorja
- 1 čajna žlička cimeta

Navodila
a) Moko zmešajte s pecilnim praškom, soljo in ⅛ žličke cimeta. V drugi skledi dodajte smetano in sladkor, dokler ne postane svetla in puhasta.
b) Dodamo jajce in dobro stepemo. Vmešajte ⅓ moke, nato dodajte mleko in preostalo moko ter mešajte med vsakim dodatkom.
c) Ne dodajajte več moke, nastalo bo mehko testo, ki se po ohlajanju ne bo lepilo. Testo hladite v hladilniku za nekaj ur, dokler ni popolnoma ohlajeno.
d) Z žlicami zajemamo testo in ga nežno oblikujemo v kroglice. Kroglice testa povaljajte v mešanici cimeta/sladkorja in jih nato sploščite ter položite na pomaščen pekač za piškote in pecite pri 375 stopinjah približno 12 minut.
e) Piškoti morajo biti nežno zapečeni.

80. Zdrobljeni sladkorni piškoti

Dobitek: 48 obrokov
Sestavina
- 1¼ skodelice sladkorja
- 1 skodelica masla, zmehčanega
- 3 veliki rumenjaki, stepani
- 1 čajna žlička ekstrakta vanilije
- 2½ skodelice presejane večnamenske moke
- 1 čajna žlička sode bikarbone
- ½ čajne žličke vinskega kamna

Navodila
a) Pečico segrejte na 350 stopinj. Dva pekača za piškote rahlo namastite. Sladkor in maslo stepamo, dokler ne postanejo svetli. Stepite rumenjake in vanilijo.
b) Odmerjeno presejano moko, sodo bikarbono in vinsko smetano presejemo skupaj, nato pa vmešamo v mešanico maslenega sladkorja.
c) Testo oblikujte v kroglice velikosti oreha. Položite 2" narazen na piškotne liste. Ne sploščite. Pecite približno 11 minut, dokler vrhovi niso razpokani in se šele obarvajo. Ohladite na rešetki. Naredi 4 ducate.

81.   Pecan sladkorni piškoti

Dobitek: 1 obrok

Sestavina
- 1¼ skodelice sladkorja, svetlo rjava voda
- 3 žlice medu
- 1 jajce
- 2⅓ skodelice moke
- 1 skodelica orehov orehov, grobo mletih
- 2½ žlice cimeta
- 1 žlica sode bikarbone
- 1 žlica pimenta

Navodila
a) V posodi za mešanje zmešajte rjavi sladkor, vodo, med in jajca. Stepajte približno 10 sekund z mešalnikom.
b) V ločeni skledi zmešajte moko, pekan orehe, cimet, piment in sodo bikarbono ter pecilni prašek in dobro premešajte.
c) Dodamo k mokrim sestavinam in premešamo. Testo po čajni žlički polagajte na pomaščen pekač za piškote. Pečemo pri 375 stopinjah 12 minut.
d) Naredi približno 3 ducate piškotov. Pred shranjevanjem naj se dobro ohladi.

KOLAČKI IN MAFINI

82. Mešanica kolačkov z limonino torto

Naredi 2 ducata

Sestavine
- 1 paket mešanice za torto iz bele čokolade
- 1/4 skodelice limonine skute
- 3 žlice limoninega soka
- 3 žličke naribane limonine lupinice
- 1/2 skodelice masla, zmehčanega
- 3-1/2 skodelice slaščičarskega sladkorja
- 1/4 skodelice jagodne marmelade brez pečk
- 2 žlici 2% mleka

Navodila
a) 24 skodelic za mafine obložite s papirnatimi podlogami.
b) Pripravite mešanico za torte v skladu z navodili na embalaži, tako da zmanjšate količino vode za 4 žlice in dodate limonino skuto, limonin sok, limonino lupinico, preden zmešate testo.
c) Pripravljene skodelice napolnite do približno dveh tretjin.
d) Pecite in ohladite kolačke po navodilih.
e) V veliki skledi stepite maslo, slaščičarski sladkor, marmelado in mleko do gladkega. Zmrzal hlajeni kolački.

83. Čokoladni karamelni kolački

Naredi 2 ducata

Sestavine
- 1 paket mešanice za čokoladno torto
- 3 žlice masla
- 24 karamel
- 3/4 skodelice polsladkih čokoladnih koščkov
- 1 skodelica sesekljanih orehov
- Dodatni orehi

Navodila
a) Pripravite mešanico za torto v skladu z navodili na embalaži za kolačke z uporabo masla.
b) Napolnite 24 s papirjem obloženih skodelic za mafine do ene tretjine; preostalo testo postavite na stran. Pecite pri 350 °C 7-8 minut ali dokler se vrh kolačka ne strdi.
c) V vsak kolaček nežno vtisnite karamelo; potresemo s čokoladnimi koščki in orehi. Prelijte s preostalim testom.
d) Pečemo 15-20 minut dlje ali dokler zobotrebec ne izstopi čist.
e) Ohlajajte 5 minut, preden jih odstranite iz pekačev na rešetke, da se popolnoma ohladijo.

84. Mud Pie Cupcakes

Naredi: 24

Sestavine
- 1 mešanica za čokoladno torto v škatli s 18,25 unčami in sestavinami, zahtevanimi na škatli
- 3 žlice masla
- 1 16-unčna čokoladna glazura
- 2 skodelici zdrobljenih čokoladnih sendvič piškotov
- Čokoladni sirup za okras
- 1 8-unčni paket gumijastega črva

Navodila
a) Pripravite in specite kolačke po navodilih mešanice za torte.
b) Pustite, da se kolački popolnoma ohladijo pred glazuro.
c) Vrhnjo glazuro potresemo s piškotnimi drobtinami in pokapamo s čokoladnim sirupom.
d) Gumijaste črve razpolovite. Vsak odrezan rob položite v glazuro, da ustvarite iluzijo črva, ki polzi v blatu.

85. Mešanica za torto Pumpkin Muffins

Naredi: 24

Sestavine
- 1 29-unčna pločevinka bučnega pireja
- 1 mešanica za čokoladno torto v škatli 16,4 unče
- 3 žlice olja

Navodila
a) Pečico segrejte z oljem v skladu z navodili za mešanico torte.
b) Pekače za mafine obložimo s papirnatimi pekači.
c) Bučni pire zmešajte v zmes za torto. Vlijemo v modelčke za mafine.
d) Pečemo po navodilih mešanice za kolačke.

86. Mešanica za torto Praline Cupcakes

Naredi: 24 kolačkov

Sestavine
- 1 mešanica za čokoladno torto v škatli 18,25 unč
- 1 skodelica pinjenca
- $\frac{1}{4}$ skodelice olivnega olja
- 4 jajca
- Karamelni sladoledni preliv
- Sesekljani pekani za okras
- 72 pralinejev

Navodila
a) Pečico segrejte na 350°F. Pekač za mafine obložimo s papirnatimi modelčki za peko.
b) Zmešajte mešanico za torto, pinjenec, olje in jajca v veliki skledi za mešanje in stepajte z električnim mešalnikom, nastavljenim na nizko hitrost, dokler ne nastane gladka masa. Pekače napolnite do polovice.
c) Pečemo 15 minut ali dokler vrhovi niso zlati. Odstranite kolačke iz pečice in pustite, da se popolnoma ohladijo, preden dodate prelive.
d) Vrh kolačkov s karamelnim prelivom; potresemo z orehi orehi in okrasimo s 3 pralineji na kolaček.

87. Piña Colada kolački

Naredi: 24 kolačkov

Sestavine
- 1 mešanica za torto z belo čokolado v škatli 18,25 unč
- 1 mešanica instant francoskega vaniljevega pudinga po 3,9 unče
- ¼ skodelice olivnega olja
- ½ skodelice vode
- 2/3 skodelice svetlega ruma, razdeljeno
- 4 jajca
- 1 14-unčna pločevinka plus 1 skodelica zdrobljenega ananasa
- 1 skodelica sladkanega kokosa v kosmičih
- 1 16-unčna vanilijeva glazura
- 1 12-unčni stepeni preliv brez mleka
- Popečen kokos za okras
- Koktajl senčniki

Navodila
a) Pečico segrejte na 350°F.
b) Z električnim mešalnikom na srednji hitrosti zmešajte mešanico za torte, mešanico za puding, olje, vodo in 1/3 skodelice ruma. Eno za drugim dodajajte jajca in počasi stepajte testo.
c) Zložite pločevinko ananasa in kokosa. Vlijemo v modelčke in pečemo 25 minut.
d) Za pripravo glazure zmešajte 1 skodelico zdrobljenega ananasa, preostalo 1/3 skodelice ruma in vaniljevo glazuro, dokler ni gosta.
e) Dodajte nemlečni stepeni preliv.
f) Popolnoma ohlajene kolačke pomrznite in okrasite s popečenim kokosom in senčnikom.

88. Mini kolački Cherry Cola

Naredi: 24

Sestavine
- 2 jajci
- 1 čajna žlička vanilije
- 1 mešanica za torto z belo čokolado v škatli 18,25 unč
- 1 ¼ skodelice kole z okusom češnje
- 1 12-unčna že pripravljena glazura po vaši izbiri

Navodila
a) Pečico segrejte na 350°F.
b) Pekač za mafine obložimo s papirnatimi modelčki za peko. Rahlo poškropite s pršilom za kuhanje.
c) V posodi za mešanje zmešajte jajca, vanilijo, mešanico za torte in češnjevo kolo ter dobro premešajte z električnim mešalnikom.
d) Pečemo 20 minut.
e) Povsem ohlajeni kolački

89. Rdeči žametni kolački

Naredi: 24 kolačkov

Sestavine
- 2 beljaka
- 2 skodelici rdeče žametne mešanice za torto
- 1 skodelica mešanice za čokoladno torto
- 1 12-unčna vrečka čokoladnih žetonov
- 1 12-unčna pločevinka limone in limete
- 1 12-unčna kad pripravljena za mazanje kisle smetane

Navodila
a) Pečico segrejte na 350°F. Pekač za mafine obložimo s papirnatimi modelčki za peko.
b) V veliki skledi za mešanje zmešajte jajčne beljake, obe mešanici za torto, čokoladne koščke in sodo. Dobro premešajte, dokler ne nastane gladka masa. Maso vlijemo v pekače.
c) Pečemo 20 minut.
d) Pustite kolačke, da se ohladijo pred glazuro.

90. Jabolčna pita kolački

Naredi: 24

Sestavine
- 1 mešanica za torto z belo čokolado 18,25 unč
- ¼ skodelice vode
- ¼ skodelice kokosovega olja
- 1 jajce
- 2 žlici pripravljene mešanice začimb za bučno pito
- 1 nadev za jabolčno pito v pločevinki 15 unč
- 1 12-unčna glazura s kremnim sirom

Navodila
a) Pečico segrejte na 350°F. Pekač za mafine obložimo s papirnatimi modelčki za peko.
b) Mešanico za torto, vodo, kokosovo olje, jajce in mešanico začimb zmešajte z električnim mešalnikom, dokler ne nastane gladka masa.
c) Zložite nadev za pito. Pekače napolnite do polovice. Pečemo 23 minut.
d) Pustite kolačke, da se ohladijo na stojalu pred glazuro.

91. Miški kolački

Naredi: 24 kolačkov

Sestavine
- 1 mešanica za čokoladno torto v škatli s 18,25 unčami in sestavinami, zahtevanimi na škatli
- 1/2 skodelice olja
- 24 majhnih okroglih čokoladnih metinih piškotov, prepolovljenih
- 1 12,6-unčna vrečka okroglih čokoladnih bonbonov
- Tanke vrvice črnega sladkega korena
- 24 kepic čokoladnega sladoleda

Navodila
a) Pečico segrejte na 375°F. Pekač za mafine obložimo s papirnatimi modelčki za peko.
b) Pripravite maso in pecite v skladu z navodili za mešanico kolačkov z oljčnim oljem.
c) Kolačke vzamemo iz pečice in pustimo, da se popolnoma ohladijo.
d) Odstranite kolačke iz papirnatih skodelic.
e) Z razpolovljenimi okroglimi piškoti za ušesa, bonboni za oči in nos ter sladkim korenom za brke okrasite kolačke, da bodo podobni miškam. Postavite na piškotni list in zamrznite.

92. Kirsch čokoladni mafini

Naredi: 6-8

Sestavine:
- 1/2 čajne žličke. Soda bikarbona
- 1/2 skodelice masla
- ½ skodelice grobo narezane temne čokolade
- 3/4 skodelice rjavega sladkorja
- 1/4 skodelice bodisi nesladkanega kakava v prahu
- 3/4 skodelice mleka
- 1 1/4 skodelice samovzhajajoče moke
- 2 jajci
- 15 unč temnih češenj v sirupu
- 1 žlica kakava
- Dodatna 1 čajna žlička. sladkor v prahu

Navodila
a) Pečico nastavite na 350°F. Pripravite pekač za mafine z 12 luknjicami s podlogami. Maslo in sladkor penasto stepemo, dodajamo eno jajce naenkrat.
b) Vzemite sodo bikarbono, kakav in moko ter presejte skupaj z mešanico masla od prej.
c) Zaključite tako, da združite z mlekom, čokolado in skupaj z mešanico masla od prej.
d) Končajte z mešanjem z mlekom, čokolado in 25 minutami. Znak, da so kolački gotovi, je test s čistim zobotrebcem.
e) Ko je kuhan, ga odstavimo z ognja in pustimo, da se med pripravo glazure ohladi. Frost in uživajte!

93. Korenčkovi mafini

Naredi: 10-12

Sestavine:
- 1¾ skodelice moke
- 1 čajna žlička soli
- 1 čajna žlička cimeta
- 1 čajna žlička mletega ingverja
- ½ čajne žličke naribanega muškatnega oreščka
- ¼ čajne žličke sode bikarbone
- ⅛ čajne žličke pecilnega praška
- 1 skodelica javorjevega sirupa
- ½ skodelice trdnega stopljenega kokosovega olja
- ½ skodelice mleka
- 1 žlica svežega limoninega soka
- 1 čajna žlička vanilijevega ekstrakta
- 2 skodelici naribanega korenja
- ½ skodelice zdrobljenega ananasa, odcejenega
- ½ skodelice vsake rozine, kokosa in pekanov

Navodila
a) Pečico segrejte na 350°F. Dva modelčka za mafine z 12 skodelicami obložite s papirčki za mafine ali namastite in pomokajte.
b) V veliki skledi zmešajte moko, sol, cimet, ingver, muškatni oreščček, sodo bikarbono in pecilni prašek.
c) V ločeni skledi zmešajte javorjev sirup, kokosovo olje, mleko, limonin sok in vanilijo.
d) Zmešajte mokre in suhe sestavine, nato pa nežno premešajte, dokler se ravno ne povežejo
e) Zložite korenje, ananas, rozine, kokos in orehe.
f) Pripravljene modelčke za mafine napolnimo do dveh tretjin. Torto naj se peče približno 25 minut.
g) Pred serviranjem naj se malo ohladijo.

94. Koláčki z rumovimi rozinami

Sestavine:
Rumove rozine
- ¼ skodelice temnega ruma
- ½ skodelice zlate rozine

kolački
- 1 skodelica večnamenske moke
- 1¼ čajne žličke pecilnega praška
- ¼ čajne žličke mletega cimeta
- ⅛ čajne žličke mletega pimenta
- ⅛ čajne žličke sveže naribanega muškatnega oreščka
- ½ skodelice masla, rahlo zmehčanega
- 2 žlici nesoljenega masla, rahlo zmehčanega
- ¾ skodelice svetlo rjavega sladkorja
- 3 velika jajca
- 1 žlica čistega vanilijevega ekstrakta
- ¼ čajne žličke ekstrakta čistega ruma

Sladka smetanova glazura
- ¼ skodelice nesoljenega masla
- ½ skodelice težke smetane
- 2 skodelici sladkorja v prahu, presejanega
- ⅛ čajne žličke soli

Navodila
a) Pripravite rumove rozine: V majhni kozici na majhnem ognju segrejte rum.
b) Zmešajte rozine in jih odstavite z ognja.
c) Mešanico dajte v skledo, pokrijte s folijo in pustite stati na sobni temperaturi vsaj 6 ur ali čez noč.
d) Pripravite kolačke: pečico segrejte na 180 stopinj
e) V pekač za mafine položite papirnate podloge. V srednji skledi zmešajte moko, pecilni prašek, cimet, piment in muškatni orešček.

f) Dati na stran. V veliki skledi z električnim mešalnikom stepite maslo, navadno maslo in rjavi sladkor na srednji do visoki hitrosti, dokler ne vidite, da postane svetlo in podobno oblaku, postopoma dodajte jajca in po vsakem dodajanju dobro stepite.
g) Stepite vanilijev in rumov ekstrakt. Zmanjšajte hitrost mešalnika na nizko, dodajte mešanico moke in mešajte, dokler se le ne združi.
h) Dodamo rumove rozine in preostalo tekočino. Zajemajte maso za kolačke v pekač.
i) Pečemo ga približno 20 do 25 minut ali dokler ne postane zlato rjave barve in zobotrebec, ki ga zapičimo v sredino kolačka, ne postane čist.
j) Pustite, da se ohladi v modelu 5 minut, nato pa ga prestavite na rešetko, da se popolnoma ohladi. Torte brez glazure lahko shranite do 3 mesece.
k) Pripravite sladko smetanovo glazuro:
l) V srednje veliki skledi z električnim mešalnikom stepajte maslo na srednji hitrosti, dokler ni kremasto.
m) Znižajte hitrost na srednjo in dodajte smetano in 1 skodelico sladkorja v prahu; stepajte, dokler se dobro ne združi. Počasi dodajte preostalo 1 skodelico sladkorja in soli.
n) Glazuro dajte v cevno vrečko s konico po vaši izbiri in kolačke zamrznite ali pa jih preprosto zamrznite z nožem za maslo ali majhno ofsetno lopatko.
o) Zamrznjene kolačke hranite v nepredušni posodi v hladilniku do 1 tedna.

95. Kolački z vročo čokolado

Naredi: 2-4

Sestavine:
- ½ skodelice večnamenske moke
- 1 čajna žlička. Pecilni prašek
- Ščepec soli
- 1/3 skodelice kakava
- ½-1 t kosmičev pekoče rdeče paprike
- 2 žlici olja
- Malo ½ skodelice mleka
- ½ čajne žličke. Vanilija
- ¼ čajne žličke. Jabolčni kis
- ¼ skodelice sladkorja

Navodila
a) Pečico segrejte na 365°. Zmešajte moko, pecilni prašek, sol in sladkor. Stepajte! Dodajte mokre sestavine in mešajte, dokler ni popolnoma gladka.
b) Napolnite 4-5 podlog za kolačke do 2/3.
c) Pečemo 20 minut oziroma dokler zobotrebec ne izstopi čist.
d) Pustite, da se popolnoma ohladi, preden ga zamrznete.

96. Bananin Crumble Muffini

Naredi: 8-10

Sestavine
- 1 ½ skodelice moke
- 1/3 skodelice masla
- 3 pretlačene banane
- 3/4 skodelice trsnega sladkorja
- 1/3 skodelice pakiranega rjavega sladkorja
- 1 čajna žlička. Soda bikarbona
- 1 čajna žlička. pecilni prašek
- 1/2 čajne žličke. namizna sol
- 1 jajce
- 2 žlici moke
- 1 žlica masla
- 1/8 čajne žličke. mleti cimet

navodila:
a) Segrejte svojo pečico na 350 f. in rahlo namastite pladenj za mafine z 10 skodelicami. Vzemite veliko posodo za mešanje in zmešajte 1,5 skodelice moke, sodo bikarbono, pecilni prašek in sol.
b) V ločeni skledi zmešajte pretlačene banane, jajce, trsni sladkor in 1/3 skodelice stopljenega masla.
c) Mešajte to zmes v prvo zmes, dokler se ravno ne zmeša. To maso enakomerno razporedite v namaščene ali maslene modelčke za mafine.
d) V drugi skledi zmešajte rjavi sladkor, cimet in 2 žlici moke. Narežite 1 žlico masla.
e) To mešanico potresemo po masi za mafine v pladnjih. Pečemo 18 - 20 minut; ohladite na rešetki in uživajte.

97. Limonino kokosovi mafini

Naredi: 8-10

Sestavine:
- 1 1/4 skodelice mandljeve moke
- 1 skodelica naribanega nesladkanega kokosa
- 2 žlici kokosove moke
- 1/2 čajne žličke. Soda bikarbona
- 1/2 čajne žličke. pecilni prašek
- 1/4 čajne žličke. sol
- 1/4 skodelice medu (surovega)
- Sok in lupina 1 limone
- 1/4 skodelice polnomastnega kokosovega mleka
- 3 jajca, razžvrkljana
- 3 žlice kokosovega olja
- 1 čajna žlička. izvleček vanilije

navodila:
a) Segrejte svojo pečico na 350 f. V manjši skledi zmešajte vse mokre sestavine. V srednje veliki skledi zmešajte vse suhe sestavine. Zdaj mokre sestavine vlijemo v skledo s suhimi sestavinami in zmešamo v testo.
b) Pustite, da testo stoji nekaj minut, nato pa ga ponovno premešajte. Zdaj namastite pekač za mafine in vsakega napolnite približno do dveh tretjin. Postavimo v pečico in pečemo približno 20 minut.
c) Pečenost muffina preverite tako, da v sredino zapičite zobotrebec, in če pride ven čist, je pripravljeno. Odstranite iz pečice, pustite, da se ohladi za minuto in postrezite!

98. Francoski toast kolački

Naredi: 12
Sestavine:
Preliv
- ¼ skodelice večnamenske moke
- ¼ skodelice sladkorja
- 2½ žlici nesoljenega masla, narezanega na ½-palčne koščke
- ½ čajne žličke mletega cimeta
- ¼ skodelice sesekljanih pekanov

kolački
- 1½ skodelice večnamenske moke
- 1 skodelica sladkorja
- 1½ čajne žličke pecilnega praška
- 1 čajna žlička mletega cimeta
- ½ čajne žličke mletega pimenta
- ¼ čajne žličke sveže naribanega muškatnega oreščka
- ½ čajne žličke soli
- ½ skodelice rahlo zmehčanega masla
- ½ skodelice kisle smetane
- 2 veliki jajci
- ½ čajne žličke javorjevega izvlečka
- 4 rezine slanine

Navodila
a) Najprej je treba pripraviti preliv. V srednje veliki skledi zmešajte sladkor, moko, cimet, orehe in maslo.
b) S prsti mešajte maslo, dokler ni koščkov večjih od zrn graha. Pokrijte in ohladite, dokler ni pripravljen za uporabo.
c) Pripravite kolačke: Predgrejte štedilnik na 350 °F. Pekač za 12 piškotov obložite s papirnatimi podlogami. V veliki skledi zmešajte moko, sladkor, pripravek v prahu, cimet, piment, muškatni oreček in sol. Postavite na varno mesto.

d) V veliki skledi z električnim mešalnikom na srednji hitrosti stepajte maslo, smetano, jajca in javorjev sirup, dokler se mešanica dobro ne premeša.
e) Zmanjšajte hitrost mešalnika na nizko in dodajte mešanico moke. Stepajte, dokler se preprosto ne strdi. Vsako jamico v pekaču za biskvit napolnite do 2/3, pecite približno 20 do 25 minut oziroma dokler zobotrebec, zapičen v žarišče kolačka, ne pove resnice.
f) Medtem ko se kolački segrevajo, skuhajte slanino, kot želite. Prestavite na papirnato brisačo, da odstranite odvečno olje, in pustite, da se ohladi. Kolački se morajo hladiti v modelu približno 15 minut. Takrat se premaknite na rešetko, da se popolnoma ohladi.
g) Slanino narežemo na 12 kosov in v vrh vsakega muffina vtisnemo košček.
h) Za shranjevanje mafinov v zamrzovalniku ga dobro zaprite, zdržijo pa lahko tudi do 3 mesece, le slanino izpustite. Ponovno segrejte v opekaču kruha za dodatno okusnost.

99. Kolibri kolački

Naredi: 12

Sestavine:
- 2 veliki zreli banani, pretlačeni v pire
- 1 skodelica večnamenskega
- 1/2 čajne žličke. pecilni prašek
- 1/3 skodelice ananasa (zdrobljenega (ne odcedite)
- 1/2 čajne žličke. Soda bikarbona
- 1/2 čajne žličke. mleti cimet
- 1/4 čajne žličke. sol
- ½ skodelice masla, pri sobni temperaturi
- 1/2 skodelice sladkorja
- 2 veliki jajci
- 1 čajna žlička. čisti ekstrakt vanilje
- 1/2 skodelice sesekljanih pekanov
- 1 skodelica nesladkanega posušenega kokosa
- 1/2 skodelice zlatih rozin
- Glazura iz kremnega sira
- 8 unč kremnega sira, pri sobni temperaturi
- 1/4 skodelice masla, pri sobni temperaturi
- 3 skodelice sladkorja v prahu
- 2 žlički vanilijevega ekstrakta

navodila:
a) Pečico segrejte na 350 stopinj, tako da rešetko postavite na sredino. Pekač za muffine z 12 skodelicami obložite s podlogami za kolačke v pripravi.
b) V skledi zmešajte banane in ananas.
c) Pretlačite skupaj s hrbtno stranjo vilic in odstavite. V ločeni srednji skledi zmešajte ali stepite moko, pecilni prašek, sodo bikarbono, cimet in sol.
d) Dodajte maslo in sladkor v veliko skledo. Stepajte z metlico, dokler zmes ne postane puhasta in svetla. Postopoma dodajte jajca in nato vanilijev ekstrakt. Suhe sestavine

dodajajte mokrim z zajemalkami in stepajte, dokler se dobro ne premešajo.
e) Vmešajte ananas in banane, pazite, da ne premešate preveč. Zložite pekane, kokos in zlate rozine (če jih uporabljate). Testo vlijemo v podloge, tako da napolnimo vsaj 2/3 poti. Postavite v pečico in pustite, da se peče približno 30 do 40 minut.
f) Znaki dokončanih kolačkov bodo vključevali zobotrebec, ki pride ven čist in ima navzven zlat videz.
g) Odstranite iz pečice in postavite na rešetko, da se ohladi. Ko to dosežete, z majhno lopatko ali kuhinjskim nožem premažite vrhove vsakega kolačka. Potresemo z drobno sesekljanimi pekani.

Glazura (kremni sir)
h) Kremni sir in maslo dajte v skledo, nato z metlico stepajte do zelo gladkega in brez grudic.
i) Nato dodajte vanilijev ekstrakt in fini sladkor ter neprestano stepajte, dokler ni rahlo in gladko.

SKLEP

Kot vsako ustvarjalno iskanje je tudi peka oblika samoizražanja, ki pomaga razbremeniti stres. Recept je le recept, dokler se ne pojavi pek, ki ga pripravi – vanj vlije kanček svoje strasti, ustvarjalnosti in ljubezni. Peko lahko uporabimo celo kot obliko komunikacije, za tiste trenutke, ko se zdi, da besede niso dovolj. Lahko izraža ljubezen, zahvalo, spoštovanje in celo sočutje.

www.ingramcontent.com/pod-product-compliance
Lightning Source LLC
Chambersburg PA
CBHW071327110526
44591CB00010B/1060